心一堂術數古籍珍本叢刊

書名：紫微斗數宣微（二集）附相宅小言、子平新理解、勘誤表（未刪改足本）
系列：心一堂術數古籍珍本叢刊　星命類　紫微斗數系列　第三輯　306
作者：【民國】王裁珊
主編、責任編輯：陳劍聰
心一堂術數古籍珍本叢刊編校小組：陳劍聰　素聞　鄒偉才　虛白盧主　丁鑫華

出版：心一堂有限公司
通訊地址：香港九龍旺角彌敦道六一〇號荷李活商業中心十八樓〇五—〇六室
深港讀者服務中心・中國深圳市羅湖區立新路六號羅湖商業大廈負一層〇〇八室
電話號碼：(852)9027-7110
網址：publish.sunyata.cc
電郵：sunyatabook@gmail.com
網店：http://book.sunyata.cc
淘寶店地址：https://sunyata.taobao.com
微店地址：https://weidian.com/s/1212826297
臉書：https://www.facebook.com/sunyatabook
讀者論壇：http://bbs.sunyata.cc/

版次：二零二一年五月初版
平裝

定價：港幣　九十八元正
　　　新台幣　三百九十八元正

國際書號：ISBN 978-988-8583-84-3

香港發行：香港聯合書刊物流有限公司
地址：香港新界荃灣德士古道二二〇—二四八號荃灣工業中心十六樓
電話號碼：(852)2150-2100
傳真號碼：(852)2407-3062
電郵：info@suplogistics.com.hk
網址：http://www.suplogistics.com.hk

台灣發行：秀威資訊科技股份有限公司
地址：台灣台北市內湖區瑞光路七十六巷六十五號一樓
電話號碼：+886-2-2796-3638
傳真號碼：+886-2-2796-1377
網絡書店：www.bodbooks.com.tw
台灣秀威書店讀者服務中心：
地址：台灣台北市中山區松江路二〇九號一樓
電話號碼：+886-2-2518-0207
傳真號碼：+886-2-2518-0778
網絡書店：http://www.govbooks.com.tw

中國大陸發行　零售：深圳心一堂文化傳播有限公司
深圳地址：深圳市羅湖區立新路六號羅湖商業大廈負一層〇〇八室
電話號碼：(86)0755-82224934

心一堂微店二維碼

心一堂淘寶店二維碼

心一堂術數古籍 珍本 整理 叢刊 總序

術數定義

術數，大概可謂以「推算（推演）、預測人（個人、群體、國家等）、事、物、自然現象、時間、空間方位等規律及氣數，並或通過種種『方術』，從而達致趨吉避凶或某種特定目的」之知識體系和方法。

術數類別

我國術數的內容類別，歷代不盡相同，例如《漢書・藝文志》中載，漢代術數有六類：天文、曆譜、五行、蓍龜、雜占、形法。至清代《四庫全書》，術數類則有：數學、占候、相宅相墓、占卜、命書、相書、陰陽五行、雜技術等，其他如《後漢書・方術部》、《藝文類聚・方術部》、《太平御覽・方術部》等，對於術數的分類，皆有差異。古代多把天文、曆譜、及部分數學均歸入術數類，而民間流行亦視傳統醫學作為術數的一環；此外，有些術數與宗教中的方術亦往往難以分開。現代民間則常將各種術數歸納為五大類別：命、卜、相、醫、山，通稱「五術」。

本叢刊在《四庫全書》的分類基礎上，將術數分為九大類別：占筮、星命、相術、堪輿、選擇、三式、讖諱、理數（陰陽五行）、雜術（其他）。而未收天文、曆譜、算術、宗教方術、醫學。

術數思想與發展——從術到學，乃至合道

我國術數是由上古的占星、卜筮、形法等術發展下來的。其中卜筮之術，是歷經夏商周三代而通過「龜卜、蓍筮」得出卜（筮）辭的一種預測（吉凶成敗）術，之後歸納並結集成書，此即現傳之《易

經》。經過春秋戰國至秦漢之際，受到當時諸子百家的影響、儒家的推崇，遂有《易傳》等的出現，原本是卜筮術書的《易經》，被提升及解讀成有包涵「天地之道（理）」之學。因此，《易・繫辭傳》曰：「易與天地準，故能彌綸天地之道。」

漢代以後，易學中的陰陽學說，與五行、九宮、干支、氣運、災變、律曆、卦氣、讖緯、天人感應說等相結合，形成易學中象數系統。而其他原與《易經》本來沒有關係的術數，如占星、形法、選擇，亦漸漸以易理（象數學說）為依歸。《四庫全書・易類小序》云：「術數之興，多在秦漢以後。要其旨，不出乎陰陽五行，生尅制化。實皆《易》之支派，傳以雜說耳。」至此，術數可謂已由「術」發展成「學」。

及至宋代，術數理論與理學中的河圖洛書、太極圖、邵雍先天之學及皇極經世等學說給合，通過術數以演繹理學中「天地中有一太極，萬物中各有一太極」（《朱子語類》）的思想。術數理論不單已發展至十分成熟，而且也從其學理中衍生一些新的方法或理論，如《梅花易數》、《河洛理數》等。

在傳統上，術數功能往往不止於僅僅作為趨吉避凶的方術，及「能彌綸天地之道」的學問，亦有其「修心養性」的功能，「與道合一」（修道）的內涵。《素問・上古天真論》：「上古之人，其知道者，法於陰陽，和於術數。」數之意義，不單是外在的算數、歷數、氣數，而是與理學中同等的「道」、「理」--心性的功能，北宋理氣家邵雍對此多有發揮：「聖人之心，是亦數也」、「萬化萬事生乎心」、「心為太極」。《觀物外篇》：「先天之學，心法也。……蓋天地萬物之理，盡在其中矣，心一而不分，則能應萬物。」反過來說，宋代的術數理論，受到當時理學、佛道及宋易影響，認為心性本質上是等同天地之太極。天地萬物氣數規律，能通過內觀自心而有所感知，即是內心也已具備有術數的推演及預測、感知能力；相傳是邵雍所創之《梅花易數》，便是在這樣的背景下誕生。

《易・文言傳》已有「積善之家，必有餘慶；積不善之家，必有餘殃」之說，至漢代流行的災變說及讖緯說，我國數千年來都認為天災，異常天象（自然現象），皆與一國或一地的施政者失德有關；下至家族、個人之盛衰，也都與一族一人之德行修養有關。因此，我國術數中除了吉凶盛衰理數之外，人心的德行修養，也是趨吉避凶的一個關鍵因素。

術數與宗教、修道

在這種思想之下，我國術數不單只是附屬於巫術或宗教行為的方術，又往往是一種宗教的修煉手段--通過術數，以知陰陽，乃至合陰陽（道）。「其知道者，法於陰陽，和於術數。」例如，「奇門遁甲」術中，即分為「術奇門」與「法奇門」兩大類。「法奇門」中有大量道教中符籙、手印、存想、內煉的內容，是道教內丹外法的一種重要外法修煉體系。甚至在雷法一系的修煉上，亦大量應用了術數內容。此外，相術、堪輿術中也有修煉望氣（氣的形狀、顏色）的方法；堪輿家除了選擇陰陽宅之吉凶外，也有道教中選擇適合修道環境（法、財、侶、地中的地）的方法，以至通過堪輿術觀察天地山川陰陽之氣，亦成為領悟陰陽金丹大道的一途。

易學體系以外的術數與的少數民族的術數

我國術數中，也有不用或不全用易理作為其理論依據的，如揚雄的《太玄》、司馬光的《潛虛》。也有一些占卜法、雜術不屬於《易經》系統，不過對後世影響較少而已。

外來宗教及少數民族中也有不少雖受漢文化影響（如陰陽、五行、二十八宿等學說。）但仍自成系統的術數，如古代的西夏、突厥、吐魯番等占卜及星占術，藏族中有多種藏傳佛教占卜術、苯教占卜術、擇吉術、推命術、相術等；北方少數民族有薩滿教占卜術；不少少數民族如水族、白族、布朗族、佤族、彝族、苗族等，皆有占雞（卦）草卜、雞蛋卜等術，納西族的占星術、占卜術，彝族畢摩的推命術、占卜術……等等，都是屬於《易經》體系以外的術數。相對上，外國傳入的術數以及其理論，對我國術數影響更大。

曆法、推步術與外來術數的影響

我國的術數與曆法的關係非常緊密。早期的術數中，很多是利用星宿或星宿組合的位置（如某星在某州或某宮某度）付予某種吉凶意義，并據之以推演，例如歲星（木星）、月將（某月太陽所躔之宮次）等。不過，由於不同的古代曆法推步的誤差及歲差的問題，若干年後，其術數所用之星辰的位置，已與真實星辰的位置不一樣了；此如歲星（木星），早期的曆法及術數以十二年為一周期（以應地支），與木星真實周期十一點八六年，每幾十年便錯一宮。後來術家又設一「太歲」的假想星體來解決，是歲星運行的相反，週期亦剛好是十二年。而術數中的神煞，很多即是根據太歲的位置而定。又如六壬術中的「月將」，原是立春節氣後太陽躔娵訾之次而稱作「登明亥將」，至宋代，因歲差的關係，要到雨水節氣後太陽才躔娵訾之次，當時沈括提出了修正，但明清時六壬術中「月將」仍然沿用宋代沈括修正的起法沒有再修正。

由於以真實星象周期的推步術是非常繁複，而且古代星象推步術本身亦有不少誤差，大多數術數除依曆書保留了太陽（節氣）、太陰（月相）的簡單宮次計算外，漸漸形成根據干支、日月等的各自起例，以起出其他具有不同含義的眾多假想星象及神煞系統。唐宋以後，我國絕大部分術數都主要沿用這一系統，也出現了不少完全脫離真實星象的術數，如《子平術》、《紫微斗數》、《鐵版神數》等。後來就連一些利用真實星辰位置的術數，如《七政四餘術》及選擇法中的《天星選擇》，也已與假想星象及神煞混合而使用了。

隨着古代外國曆（推步）、術數的傳入，如唐代傳入的印度曆法及術數，元代傳入的回回曆等，其中我國占星術便吸收了印度占星術中羅睺星、計都星等而形成四餘星，又通過阿拉伯占星術而吸收了其中來自希臘、巴比倫占星術的黃道十二宮、四大（四元素）學說（地、水、火、風），並與我國傳統的二十八宿、五行說、神煞系統並存而形成《七政四餘術》。此外，一些術數中的北斗星名，不用我國傳統的星名：天樞、天璇、天璣、天權、玉衡、開陽、搖光，而是使用來自印度梵文所譯的：貪狼、巨門、祿存、文曲，廉貞、武曲、破軍等，此明顯是受到唐代從印度傳入的曆法及占星術所影響。如星命術中的《紫微斗數》及堪輿術中的《撼龍經》等文獻中，其星皆用印度譯名。及至清初《時憲曆》，置閏之法則改用西法「定氣」。清代以後的術數，又作過不少的調整。

此外，我國相術中的面相術、手相術，唐宋之際受印度相術影響頗大，至民國初年，又通過翻譯歐西、日本的相術書籍而大量吸收歐西相術的內容，形成了現代我國坊間流行的新式相術。

陰陽學——術數在古代、官方管理及外國的影響

術數在古代社會中一直扮演着一個非常重要的角色，影響層面不單只是某一階層、某一職業、某一年齡的人，而是上自帝王，下至普通百姓，從出生到死亡，不論是生活上的小事如洗髮、出行等，大事如建房、入伙、出兵等，從個人、家族以至國家，從天文、氣象、地理到人事、軍事，從民俗、學術到宗教，都離不開術數的應用。我國最晚在唐代開始，已把以上術數之學，稱作陰陽（學），行術數者稱陰陽人。（敦煌文書、斯四三二七唐《師師漫語話》：「以下說陰陽人謾語話」，此說法後來傳入日本，今日本人稱行術數者為「陰陽師」）。一直到了清末，欽天監中負責陰陽術數的官員中，以及民間術數之士，仍名陰陽生。

古代政府的中欽天監（司天監），除了負責天文、曆法、輿地之外，亦精通其他如星占、選擇、堪輿等術數，除在皇室人員及朝庭中應用外，也定期頒行日書、修定術數，使民間對於天文、日曆用事吉凶及使用其他術數時，有所依從。

我國古代政府對官方及民間陰陽學及陰陽官員，從其內容、人員的選拔、培訓、認證、考核、律法監管等，都有制度。至明清兩代，其制度更為完善、嚴格。

宋代官學之中，課程中已有陰陽學及其考試的內容。（宋徽宗崇寧三年〔一一零四年〕崇寧算學令：「諸學生習……並曆算、三式、天文書。」「諸試……三式即射覆及預占三日陰陽風雨。天文即預

定一月或一季分野災祥，並以依經備草合問為通。」

金代司天臺，從民間「草澤人」（即民間習術數人士）考試選拔：「其試之制，以《宣明曆》試推步，及《婚書》、《地理新書》試合婚、安葬，並《易》筮法，六壬課、三命、五星之術。」（《金史》卷五十一・志第三十二・選舉一）

元代為進一步加強官方陰陽學對民間的影響、管理、控制及培育，除沿襲宋代、金代在司天監掌管陰陽學及中央的官學陰陽學課程之外，更在地方上增設陰陽學課程（《元史・選舉志一》：「世祖至元二十八年夏六月始置諸路陰陽學。」）地方上也設陰陽學教授員，培育及管轄地方陰陽人。（《元史・選舉志一》：「（元仁宗）延祐初，令陰陽人依儒醫例，於路、府、州設教授員，凡陰陽人皆管轄之，而上屬於太史焉。」）自此，民間的陰陽術士（陰陽人），被納入官方的管轄之下。

至明清兩代，陰陽學制度更為完善。中央欽天監掌管陰陽學，明代地方縣設陰陽學正術，各州設陰陽學典術，各縣設陰陽學訓術。陰陽人從地方陰陽學肆業或被選拔出來後，再送到欽天監考試。（《大明會典》卷二二三：「凡天下府州縣舉到陰陽人堪任正術等官者，俱從吏部送（欽天監），考中，送回選用；不中者發回原籍為民，原保官吏治罪。」）清代大致沿用明制，凡陰陽術數之流，悉歸中央欽天監及地方陰陽官員管理、培訓、認證。至今尚有「紹興府陰陽印」、「東光縣陰陽學記」等明代銅印，及某某縣某某之清代陰陽執照等傳世。

清代欽天監漏刻科對官員要求甚為嚴格。《大清會典》「國子監」規定：「凡算學之教，設肄業生。滿洲十有二人，蒙古、漢軍各六人，於各旗官學內考取。漢十有二人，於舉人、貢監生童內考取。附學生二十四人，由欽天監選送。教以天文演算法諸書，五年學業有成，舉人引見以欽天監博士用，貢監生童以天文生補用。」學生在官學肄業、貢監生肄業或考得舉人後，經過了五年對天文、算法、陰陽學的學習，其中精通陰陽術數者，會送往漏刻科。而在欽天監供職的官員，《大清會典則例》「欽天監」規定：「本監官生三年考核一次，術業精通者，保題升用。不及者，停其升轉，再加學習。如能黽勉供職，即予開復。仍不及者，降職一等，再令學習三年，能習熟者，准予開復，仍不能者，黜退。」除定期考核以定其升用降職外，《大清律例》中對陰陽術士不準確的推斷（妄言禍福）是要治罪的。《大清律例・一七八・術七・妄言禍福》：「凡陰陽術士，不許於大小文武官員之家妄言禍福，違者杖一百。其依經推算星命卜課，不在禁限。」大小文武官員延請的陰陽術士，自然是以欽天監漏刻科官員或地方陰陽官員為主。

官方陰陽學制度也影響鄰國如朝鮮、日本、越南等地，一直到了民國時期，鄰國仍然沿用着我國的多種術數。而我國的漢族術數，在古代甚至影響遍及西夏、突厥、吐蕃、阿拉伯、印度、東南亞諸國。

術數研究

術數在我國古代社會雖然影響深遠，「是傳統中國理念中的一門科學，從傳統的陰陽、五行、九宮、八卦、河圖、洛書等觀念作大自然的研究。……傳統中國的天文學、數學、煉丹術等，要到上世紀中葉始受世界學者肯定。可是，術數還未受到應得的注意。術數在傳統中國科技史、思想史，文化史、社會史，甚至軍事史都有一定的影響。……更進一步了解術數，我們將更能了解中國歷史的全貌。」（何丙郁《術數、天文與醫學中國科技史的新視野》，香港城市大學中國文化中心。）

可是術數至今一直不受正統學界所重視，加上術家藏秘自珍，又揚言天機不可洩漏，「（術數）乃吾國科學與哲學融貫而成一種學說，數千年來傳衍嬗變，或隱或現，全賴一二有心人為之繼續維繫，賴以不絕，其中確有學術上研究之價值，非徒癡人說夢，荒誕不經之謂也。其所以至今不能在科學中成立一種地位者，實有數因。蓋古代士大夫階級目醫卜星相為九流之學，多恥道之；而發明諸大師又故為惝恍迷離之辭，以待後人探索；間有一二賢者有所發明，亦秘莫如深，既恐洩天地之秘，復恐譏為旁門左道，始終不肯公開研究，成立一有系統說明之書籍，貽之後世。故居今日而欲研究此種學術，實一極困難之事。」（民國徐樂吾《子平真詮評註》，方重審序）

現存的術數古籍，除極少數是唐、宋、元的版本外，絕大多數是明、清兩代的版本。其內容也主要是明、清兩代流行的術數，唐宋或以前的術數及其書籍，大部分均已失傳，只能從史料記載、出土文獻、敦煌遺書中稍窺一鱗半爪。

術數版本

坊間術數古籍版本，大多是晚清書坊之翻刻本及民國書賈之重排本，其中豕亥魚魯，或任意增刪，往往文意全非，以至不能卒讀。現今不論是術數愛好者，還是民俗、史學、社會、文化、版本等學術研究者，要想得一常見術數書籍的善本、原版，已經非常困難，更遑論如稿本、鈔本、孤本等珍稀版本。在文獻不足及缺乏善本的情況下，要想對術數的源流、理法、及其影響，作全面深入的研究，幾不可能。

有見及此，本叢刊編校小組經多年努力及多方協助，在海內外搜羅了二十世紀六十年代以前漢文為主的術數類善本、珍本、鈔本、孤本、稿本、批校本等數百種，精選出其中最佳版本，分別輯入兩個系列：

一、心一堂術數古籍珍本叢刊

二、心一堂術數古籍整理叢刊

前者以最新數碼（數位）技術清理、修復珍本原本的版面，更正明顯的錯訛，部分善本更以原色彩色精印，務求更勝原本。并以每百多種珍本、一百二十冊為一輯，分輯出版，以饗讀者。

後者延請、稿約有關專家、學者，以善本、珍本等作底本，參以其他版本，古籍進行審定、校勘、注釋，務求打造一最善版本，方便現代人閱讀、理解、研究等之用。

限於編校小組的水平，版本選擇及考證、文字修正、提要內容等方面，恐有疏漏及舛誤之處，懇請方家不吝指正。

心一堂術數古籍 珍本／整理 叢刊編校小組

二零零九年七月序

二零一四年九月第三次修訂

紫微斗數宣微

二

紫微斗數勘誤表

本	目錄	第幾頁	第幾行	第幾字	誤	正
二	看命之論斷	五	前四行	二十九	指	措
	吳將軍命格		後六行	三十一	四	西
	叢談	二二	後九行	三十二	羊	年
	星曜之形相	三八	後八行	三十二	家	宮
	占課之決疑	四二	後八行	七	時	事

乙亥立冬節

斗數宣微

果園居士題

紫微斗數宣微下卷目錄

余於戊辰秋九月。曾印就一種宣微初集。出書之次。均被友人携去。而自無餘。迨後因被數次激刺。雖生出無限感想。而學理突增。令人淡泊之念又減。勿怪古人有秘不傳。或奇貨可居。熱心之初。正是灰心之始。卽所謂不作風波於世上。自無冰炭到胸中。眞有古今同情之感。然吾人學識之進步。必須見挫折。被擠兌。方能有成。自當抱有百折不回之心。故對於第二集之發刊。而謹愼從事。不貽悔於將來。屢經李明庶、謝彌安、郭壽同、舒養拙、馬道存、汪太冲、張申府、陳叔良、孫光輔、孔星橋、薛子敬、張雲溪、諸位先生之督促付梓。情不獲已。乃於今夏重爲編製。送由天華館主。酌核辦理。而余所欲枕山打睡之機緣。又杳如黃鶴矣。是爲記。

中華民國二十四年歲次乙亥白露日栽珊識於觀雲草堂

觀雲草堂跋語

雲者氣也。有變化莫測之象。風雲變化。天地爲動。人事亦然。觀雲者、蓋設身局外。而靜觀之。決非一味樂山愛水之流。與人世無關痛癢者也。至觀雲寄身於斯堂。或別有所觀。而藏光隱形。以樂於此堂者。豈可得乎。余爲書額并跋。

光輔孫承烈

命身之關係

人之生也。受氣於父。成形於母。父精母血。即此意也。受氣於父爲陽。爲先天。又以陰論。成形於母爲陰。屬後天。又以陽論。用此講命。始能切乎人事。何則。比如日月之分。明則爲陽。暗則爲陰。受氣爲暗。成形爲明。故陽中之陰爲命。先天也。陰中之陽爲身。後天也。先天之陽爲體。陰則爲用。後天之陰爲體。陽則爲用。取其體用。爲人之身命。其實人之身命。又皆立於後天。先天後天。合而爲一。不能離也。稱身命宮者。乃容量其固有之靈氣。即有所憑依。吾人每有立於後天。而强求先天者。豈不知盡在吾人之中。通俗上每對於先天後天之道。又以迷信視之。不知吾人固有之一切。即先後天也。先後天之道。即當時之人事也。不得謂之迷信而迷信固不能少。按迷信本爲無中生有。有中生無之意。古今中外人士皆難免也。豈不知既登此人世。即講人事可也。人事何。即有與無也。無非有中生無。無中生有之意。通常人至無可奈何時。有云棄我後天之身。而從我先天之命。此退陽進陰。動極思靜之意。又何能離此天父地母。人至病危與急難之時。每多呼母。罕有呼父者。情因母有慈愛而惜吾身也。此所謂嚴父慈母也。又因與地母相離。而歸天父。是棄我後天之身。從我先天之命。故人生世間。乃天命也。吾人往往至無能爲與喜怒哀樂之際。而呼天。是問命於天。而祝禱者也。或有怨天者。亦是有中思無之意。究屬有天。故敢斷言曰。有世界卽有天。有天卽有迷信。而所迷信者。皆世間之人事也。亦天地所造成。迷信固不能少也。不迷信無以搜求。不搜求無以進化。迷信尤須專心致之。方能有得。如聲光化電。以及各種科學。何嘗不由迷信而至進化。又何嘗不是吾人之事也。皆無中生有。有中復求其無也。始能似今之所見所聞。如由無聲電影。而生出有聲電影。由有線之電話。而生出無線之電話。雖然尤未己也。故余對於原斗數書中義理。亦根據此意。又不僅於此哲學一道爲然也。命屬陰無影無形。身屬陽有形有影。命爲無形。身爲有形。是一定不移之理。無形之命。人不能見。故每懷疑。有形之身。人能見之。故每論其爲人如何。心性如何。體質如何。此通常之見解。人人易曉。未必的確。究竟某人心性如何。及環境之優劣。與夫將來之富貴貧賤壽夭。非搜查其身命。不能洞澈其精微也。是以守身之星。與附屬之星。或屬某星。兼屬某星。是何等心性。及形影。便是斯入之心性。與形影也。惟人之心性與形影。每聽命爲轉移。每聽星曜爲轉移。每聽運爲轉移。每聽所感受者爲轉移。然絲毫不能離於命也。以命爲中樞。若無命則身死。身死則命終。有任自己心性而不聽命與其他者。必難如意。或觸機小有如意。亦難持久。詳查之。亦與命合。有時任自己心性僥倖而隨我所欲。亦必與我之命運感受相合。方克有濟。若無那等身命。又無那等機緣。或機緣未至。斷難免强。斷難戰勝天地自然。又多有怨命與恨身者。而我如何不及他人。蓋不知命。不知身。不知所秉賦者爲何如。而任自己心性爲可能。每見此等人負氣。亦頗可憐。蓋不知天高地厚之所以然人之强弱智愚。決不能齊。卽相關於身命也。經云身强命弱有負苦。命强身弱亦夭亡。身命相關。蓋有由矣。曠觀世人。爲名利者多。爲身命者有幾人哉。命屬先天之陰。身屬後天之陽。所以原斗數書中。載明數至生月起時辰逆回安命。順行安身。逆回安命者先天也。順行安身者後天也。其實身命均有陰陽。空白十二宮。爲有極。身命定後。如兩儀之分。承父母之遺體。自此則立於天地間矣。佈齊星曜。如人之行止。卽是臨于此四象八卦之上。經過子午卯酉。度過春夏秋冬也。以有形之身。秉諸無形之命。行於天地之間。卽如履於全盤十二宮中。而動靜均聽星曜之指導。星曜主動。吾身吾命決難求靜。星曜主靜。吾身吾命決難求動。動靜皆由星曜主持。吾人一時一刻。不能免强也。吾人之身命。亦難躍出此十二宮中。星曜取義。乃代表天地構造之氣。與萬事之綱領也。悉其綱領。始可談命。講身命者。法雖不同。其理則一也。亦是人類中一種之規定。故大學壹是皆以修身爲本。中庸首言天命。古聖先賢。又何嘗不講身命一切也哉。命爲氣。身爲形。氣凝則成形。命爲氣。身爲血。氣血相合而成人。命與身。乃天地構造而成。不僅吾人也。萬物同然。構造之精。無不備有。而又以吾人之身命。往取之。取之不盡。用之不竭。是造物者之無盡藏也。既無盡藏。則搜索之。研究之。際此文明昌盛。進化神速。眞有一日千里之勢。若將身命之理。列入科學研究之。必日益精深。西洋對於命學。以天文算學醫理手相等法考驗。并詳較人身所獲有之成分。而再比較多寡輕重純駁。以定生人之富貴貧賤窮通壽夭。其於命理而在形跡求之爲多。我國每假古人遺傳之法而定命。神妙者固亦不少。至於面相手相言語聲音。及一切起居動靜。亦能求之於形跡。精詳者雖不多見。深通者不爲少焉。若以斗數法定之。亦能求之於形跡。并能預測將來之變化。按此身命哲學。列入中醫學。分門研究。作一種預言之法。以防不測。豈不更進一層。若以身命學爲空談。爲迷信。或懷疑。未免失之太甚矣。

天爲陽爲父。地爲陰爲母。天一數。地二數。此三數相合則生人。天一地二人三。所以人生世間。爲第三者。三數屬陽。卽吾人之身也。而全體又兼乎天地陰陽之氣。天開於子爲水。地闢於丑爲土。人生於寅爲木。亦列於三數。故賴天地而生。又賴天地而長。更賴天地而養。吾人之身。始能存乎天地之間。經營人事。甲乙丙。屬於天干。而丙爲第三者。丙火生於寅。而死於酉。丙爲太陽之火。自東而升。至西則沒。諺云人生於東。人死歸西。卽此意也。人與萬物。非大陽不能生長養。又人以頭部爲主。屬於丙。爲目。爲陽明。故論斷人身。先問其面部爲如何。然後及於高矮胖瘦。明其義理。則預言可得一把握也。

吾人獲此第三者之位。立於天地之間。爲人當盡此第三者之事。事者人事也。凡天地之所有皆人事也。是人秉賦天地而生。復搜索天地之事。競競業業。不忘於勤。卽盡人事也。卽盡天職也。古聖先賢斷無對於歲月而聽其消磨。若消磨歲月之流。亦斷不能稱聖稱賢。若稱聖稱賢。必能盡第三者之事也。

人生世間。當然仰賴父母撫育之。培養之。教導之。雖至於成。仍不免惦念。頃刻不失於懷。此愛子之情切。爲人子者。承父母之培植。而人子供養父母。如父母之待子而情切者少矣。若順乎父母之心。斯盡孝子之義。不忘父母之恩。而宣父母之愛。可稱盡人子之事也。人子之事。卽人事之本根。天爲父。地爲母。人人所知。古語有云。若洩天地之密。爲造物者所忌。吾曰不然。若順乎天地之情。卽世間之人事也。研究天地之道。卽世間之所有也。不忘天地之妙。卽求其精微也。而宣天地之敎。卽傳揚天地博愛之義也。如有所得於心。而筆諸於書。以告世界後世。此正發表其好生之德。又何忌之有。可稱盡人子之事也。古人惑於所忌之言。躭誤多少進化。況爲父母者。未有不傾心傾囊而敎子。使其子盡其良智良能。較爲父母者盛强百倍。方合父母之願。爲人子者。承父母之心。必邀父母所喜。父母經營之事業。爲己所備者。十之一二。爲子所備者。十之八九。深喜其運用也。故天地間一切。如土地山川之所產。日月之光。雨露之潤。皆爲吾人之所備。天地亦喜吾人採取之。運用之。至於萬物萬事。未有不傾心而敎之。傾囊而與之也。較天地之造物。尤能盛强百倍。方合天地之願。吾故曰。古語所云。蓋誤解所忌也。斗數之書。爲萬物萬事之綱。又爲研究萬事萬能之法。屬於我國哲學無上品。天地亦喜吾人研究之。至於精微。方合天地之願。是眞造物者無盡藏也。由此言之。吾人之身命。担負天地間亦大矣哉。若虛度歲月。而待髮白身衰。亦無能爲也。而尙不知生於世間爲何事。豈不大背乎天地固有之靈氣。而擲身命於無益之地也哉。

看命之理解

宇宙之大事物之繁。大而治平。小而格物。有心人自無不講求。所得固有淺深。不外乎以理解之。斗數一書。以一紙命盤。何能包羅萬象。原假六十三位星曜。定人身命。與其他諸星。及流年所經諸星。卽能判定吾人一生之境遇。不亦神乎。然以理解之。不僅吾人一生身命之內。其他無所不有。世間只有方圓兩箇形勢。其凹凸兩箇形勢。亦在方圓之中。比如太陰屬於方而凹。太陽屬於圓而凸。星曜亦然。先取出一位星曜。定出水火木金土五行中屬於何行。辨以陰陽。別以凸凹。再究該星曜之心性。落於何方。應當如何。落于何宮。應當如何。與其他星曜相遇。又當如何。加以意度。加以比擬。加以形容。或指實一種。或虛設一事。考查的確。再與原書相參。隨手筆記。如遇看命。以之判定。自然應驗如神。精心求之。不外乎理想。若再有所得。仍續之於後。必漸漸入於玄奧矣。命盤中雖有千變萬化。百考終有一得。極其精微。莫不由於工夫中得來。惟人之聰明智慧。有深淺之別。腦力遲速自不同耳。若由此數學入步。凡世間之哲理。皆可以捷足先登。

看命之論斷

看命斷法。友人時來質問。余每告以不看原書。故看命時。對於斷法。無所指手。友人云。書內詞句已記其大半。講命者十之七八。其他各宮。多有混合。或未言及。實不得其要領。余按原書之理。與實地考驗有效者。答之曰。凡原書中。無論身命。無論男女命。有語皆可置於十二宮中論斷。友人仍未解其意。余復摘句詳言之。

假如斗數骨髓賦注解所云。梁居午位。官資清顯。因午宮安命。天梁坐守是也。丁生人上格。已生人次之。癸生人主富。又次之。若命盤上。他宮得此午方天梁星曜。亦可借斷。雖不能官資清顯。當然見出清高孤峰。謹慎聰穎。如加煞被衝。或複雜不純。則孤弱苦寒之意。必有其他情節矣。又如巨門天機居卯爲旺。亦主破蕩。無論男女身命臨之。及其他宮。又何嘗不如是。功名富貴亦不能無破蕩之人。又如極居卯酉。多如脫俗僧人。紫微爲北極。如坐守命宮。加煞主僧道。無煞加吉最佳。附有左右主貴。有聲名。若子方安命。以卯爲田宅宮。則田宅富有。亦可據此爲斷。入於其他各宮。均可推廣斯意。全盤以紫府爲樞紐。其次日月之旋轉。其次則煞破狼之分布。以四化爲用神。以流年四化流祿流羊流陀流馬咸池大耗紅鸞天喜等星。又爲用神。斷事自然神妙。太歲三煞等星。更不可少。

余在第一集斗數宣微雜論中有云。以命垣前一宮爲父母宮。其上爲福德。以福德宮作祖父宮看。以田宅宮作曾祖宮看。高祖以上按次推之。遇羊陀主該代分家析產之類。遇破軍大耗火鈴等星。主該代破家敗業。或先破後成之類。如見宮內衆吉相聚。當然該代興隆。如遇煞破狼之代。多爲外出創業不承祖業之人。此法可考以上祖先十二代之盛衰。以子女宮往下推。至財帛宮作嫡孫侄孫宮看。以疾厄宮作曾孫宮看。玄孫以下。按次推之。可知後裔十二代之強弱。人道卽天道。變化無盡期。週而復始。如春夏秋冬四時流行之意。必須參合對宮。互相考證較妥。比如父母宮是廉貪其父母之命盤三合。多有廉貪。其父母宮爲七煞。其父母之命盤三合必見七煞。其子女宮是同梁。其子女之命盤三合必有同梁。其餘一切由此法推測莫不皆然。頗有深意存焉。

蓋剝復循還之事。家家所遇。人人所有。萬勿耻其一時。而自己雖不作可耻之事。亦不可耻于人。若考上下代。以及本身。准無可耻之事乎。耻之一字。雖聖賢不免。如以上之斷法。亦可加在推出各宮。再論定之。

如祖父宮。或曾祖宮。如天梁在午。有祿無煞。諸星擁護。必然此代光榮。又如巨機之類。入於祖父宮。或曾祖宮。此代定有破蕩敗業。或見先後破家之人。其於兄弟妻妾嫡孫曾孫各宮。以至大小限運。莫不皆然。雖云破蕩。亦係爭强之人。惟事與心違。所處環境。不能由己耳。按經云。巨機同宮。公卿之位。加吉方論。余謂至公卿之位者。未必不爲破蕩之人。公卿自是公卿。破蕩自是破蕩。而破蕩者。亦能有至公卿。若無吉。則下等破蕩必矣。其他各宮。與原斗數之註解。如此借用論斷可也。又如擎羊火星。

威權出衆。同行貪武。威壓邊夷。辰戌丑未安命。如此斷。若臨于兄弟妻妾等宮。則兄弟妻妾。固不能兵權萬里。然威壓家庭。或鄰里。以及親朋。令人生畏。概可想見。或衝散別居。其他之宮皆以此推求。爲人談判。無不中的。

運限之假借

原斗數書中。對於運限。只論三方四正。與流年諸吉凶星。尤有未盡者。玆申明之。亦可考證。此法名曰運限之假借。又爲命垣之轉移。卽全盤十二宮移動之意。有大限十年之假借。有小限一年之假借。比如今年大運交入寅方。卽借寅方爲此十年之命垣。以戌方爲財帛宮。午方爲官祿宮。其他各宮。均作移動。如看小限管一年之吉凶。卽以本年小運之方位。作一年之命垣。其他各宮。亦皆旋轉。加以流年星曜。斷驗驚奇。

命盤定准後。比如命落寅方。按順行大運論。現行大運出寅入卯。則將命垣借置於卯方。若大運逆行。則命垣皆逆行。其他各宮。亦隨此大運之借置。按次移動。若小運入申。卽將命垣移轉申方。小運順行。則命垣亦順行。小運逆行。則命垣亦逆行。其他各宮。亦隨此小運按次移動。則以辰爲財帛。以子爲官祿。此一年之運限。與命垣及其他各宮也。若至次年。小運入酉。則命垣卽移於酉方矣。其他各宮。仍隨之而動。原命盤中之命垣。爲一生無動之命垣。此爲十年有動之命垣。與一年有動之命垣也。故觸機必發。而看命之活有如此。惟仍不能離於全盤總關照。以定吉凶。是爲至要。

假如看命。本年小運與身命垣無大凶險。而突遭不測。或係年前之運限不吉。或次年之運限不吉。有延長月令。與不延長月令之分。必須前後照應。

蓋天地之大。世界之廣。萬國交通。何能生於斯。居於斯。而死於斯。流年吉凶星曜。皆有旋轉。運限亦有旋轉。命垣亦有旋轉。故吾人一生之感受。有千變萬化之境遇。死盤活用。自然入於玄奧矣。吾人如一法輪。命盤亦如一法輪。此法輪常轉。亦猶隨世界法輪常轉。及天地內外之法輪常轉也。尙有其他活盤之講解。容再發表。

相契之鑑別

人以類聚。物以羣分。無論其爲善爲惡。爲富爲貴。爲貧爲賤。莫不以相契。而後方可貫徹一切。假如此人是善或惡。若與我氣味相投。或相處同等之地位。與不同等之地位。亦不計其善與惡。富與貴。貧與賤也。皆有容納之地步。或愛之。或畏之。或使令之。或委託之。偶有不相契處。亦不肯舍去。或離之。而復合。或復離。皆意中事也。或善與善相契。惡與惡相契。又有一言之相契。一時之相契。一日之相契。一月之相契。一年數年。數十年。及一生之相契。又有免强相契。與不相契。及僞相契之分。不論古今之人。滿我意者。卽相契也。不滿我意者。卽不相契也。又有在滿意與不滿意之間。與似相契而不盡相契之別。

比如大運行於寅方。在此十年內。相會合者爲一般人。大運臨卯。而會合者又是一般人。所以人之一生。所遇者必有多少變遷。何能盡爲相契。因時光已過。有相契者。而想再謀一面。亦不可得。眞令人發生一種感想。不相契者。復又見面。亦令人發出一種遺恨。惟久別之眞相契。一旦相遇。自然有一種痛快淋漓之長談。蓋至情也。

凡相契者。必有相諍。因關心深切。或因列於同等之心性思想行爲。或各有遲緩。各有喜忌。始而相契。久則相諍。不相契則無相諍。無相諍則不眞相契也。況相契之種類甚繁。又有相契無諍。與相契無言之分。其退有後言者。亦世間必不可少者也。朋友中。有諍友。不易得。家庭中。尤難得妻妾中之諍友。而福澤益深矣。

看命者。無論自看與人看。對于相契處。當鑑別之。以他人之命盤。校對我之命盤。如父子母女夫妻朋友之間。婚姻之事。以至種種之事體。相契者可望成就。相契者。卽相合也。若加殺雖合。必有衝破。假如命垣在巳。天相坐守。身垣在卯。紫貪坐守。與此兩宮附屬之星。及三方星曜相同者。方能相契相合。其次夾命夾身。亦有之。如遷移宮爲武破。而所遇者多武破也。或官祿宮亦然。如田宅宮有廉貞合貪狼。同居同院。定有此等人。雖非眞相契。而亦不能不敷衍。其他往來親朋亦多如是。又如妻妾子女。爲一家人。雖有不喜愛者。必有不良之表現。而亦無法同事工作人亦如是理。命盤中身命三合四正。有相同之星曜。自然相合。若不相同相合。必有生死別離。不得謂之相契矣。若研究心性之邪正。愛情之短長。至於一切緣法。須於此道求之可也。
巨門太陽天梁天同天機文昌等星曜。守身命者。或對方來合。多入法律醫學各界。其次或卜士星相之流。因多屬於是非道藝之宿。不然亦爭名利於是非場中。佳者則在外交上崢嶸。如羅文幹總長八字。己丑年三月十二日戌時生。巨門守命垣在午。身宮化忌。法律辯護。在外交席上爭持一切。其黎炳文先生字雅亭。爲有清時代進士。入法律界。担任辯護。八字庚辰年九月初七日巳時生。巨門守命垣在巳。又如王質卿大夫。太陽天梁在卯。其他醫士太陽守身命垣者衆多。佳運則入於宦途權貴。劣運則入於九流術士。及各慈善團體。相契之義理。卽是七煞找七煞。破軍尋破軍。昌曲與昌曲相近。魁鉞與魁鉞往來。故同類相聚。同氣相求。惟看命者。當要認定命盤爲何等人。與何等人相近。與何等人相遠。便可以暢談無差。
劉冠雄總長。咸豐十一年辛酉四月二十八日亥時生。破軍守命垣在午。張作相軍長。光緒七年辛巳二月初九日卯時生。破軍守命垣在子。子午破軍。各有不同。

今人命格

廉貞 貪狼 地封 地空 陀羅 天馬 天刑 恩光 天盧 父母	巨門 祿存 化忌 博士 命主 亡 福德	天相 擎羊 天哭 華蓋 田宅 空	天同 天梁 封誥 劫煞 化權 官祿 八十六
太陰 文昌 鈴星 紅鸞 大耗 化祿 命垣 身 初六	丁亥四十九歲九月十五日午時 陰年男命　火六局 蔣中正主席 丁亥 庚戌 己巳 庚午 命垣納音覆燈火入火六局		武曲 七煞 天使 天鉞 天姚 破碎 斗君 奴僕 七十六
天府 火星 龍池 天才 天壽 兄弟 十六 正			太陽 文曲 天喜 寡宿 遷移 六十六
右弼 三台 天官 孤辰 妻妾 二十六 傍	紫微 破軍 子女 三十六 小運	天機 左輔 八座 台輔 天空 咸池 科 身主 財帛 四十六 大運	天殤 天魁 鳳閣 天貴 天福 太歲 疾厄 五十六

太陰守身命垣在辰爲失輝經云陰陽反背反大貴陰陽在辰戌丑未本有互相照合之意遷移宮太陽來合日月相會文昌爲極旺之垣文曲來合可謂昌曲並臨祿權科三奇拱照賦云科權祿拱名譽昭彰又云陰陽會昌曲出世榮華此亦似之太陰居辰亦作飄蓬之客在外光榮遷移宮復得魁鉞相夾尤美按以上種種之權貴主大富貴鈴星主聰明機警大耗主奔波不寧操心勞力消耗精神大運行丑卽強台直上執掌中華亦云偉矣四十六歲左右申辰來合定主威震華夷惟對方巨門化忌爲是非多事之宿恐難坐享安逸矣本年乙亥化忌流羊大耗紅鸞入身命垣主勞碌不寧小限紫破復見剋制明年驛馬傍封大耗入田宅化忌入相貌宮非安靖之象戊寅年行陀羅大耗之鄉勞碌不安

太陽 祿 天喜 天空 孤辰 刦煞 父母 十四 小運	破軍 鳳閣 天福 福德 二十四 刦	天機 天鉞 陀羅 三台 八座 田宅 三十四 路	紫微 天府 祿存 鈴星 龍池 天才 博士 官祿 四十四 空
武曲 權 左輔 天壽 台輔 天貴 華蓋 太歲 初四 命垣	命垣納音庚辰白蠟金入金四局 黃郛總理	庚辰光緒六年正月廿八日戌時生 陽年男命　金四局 庚辰 己卯 丙申 戊戌	太陰 科 地刦 天殤 擎羊 天刑 咸池 奴僕 五十四 大運 斗君 亡
天同 忌 兄弟			貪狼 右弼 天虛 遷移 六十四
七煞 文曲 天馬 恩光 天哭 妻妾	天梁 地空 天魁 天姚 寡宿 破碎 子女	廉貞 天相 文昌 火星 封誥 命主 身主 身垣 財帛	巨門 天使 紅鸞 天官 大耗 疾厄

武曲左輔守命垣在辰入廟賦云武曲廟垣威名赫奕貪狼右弼來合附有化權文武爲良財官雙美書云貪武墓中居三十纔發福紫府祿存博士天相文昌加會富貴壽考三十歲左右大運行於刦路空亡之內官途不甚得意交四十四歲入官祿宮一鳴驚人更爲金空則鳴之確證惟祿存臨於官祿宮有擠兌被迫之虞因羊陀相夾之故官祿鈴星身垣火星亦主握柄不久大運入酉非前可比入戌武貪相會煞破同到權位極隆甲戌年雙化忌夾小限并命垣蹩頓華北有不已之苦衷三方來合所以紫府武貪等星稱貴乙亥年流羊大耗入命垣小運太陽天馬主剋陽星對方巨門大耗天使太歲有是非主變動非吉明年入刦羊陀太歲衝身命垣并小運吉中藏凶又因大耗入田宅化忌入身垣之故戊寅己卯兩年變化莫測

<table>
<tr>
<td>天梁 天殤 火星 紅鸞 大耗
五十二
奴僕
小運
甲子入此宮壬戌歲
大耗小運臨之不吉</td>
<td>七殺 左輔 文昌 天壽 封誥
身主
遷移
六十二
大運</td>
<td>地空 天使 天鉞 鈴星 天官 寡宿
疾厄
五十二
甲子小運
行入此宮</td>
<td>廉貞 右弼 文曲 天馬 天虛
化祿
長生
身垣
財帛
旬
刦</td>
</tr>
<tr>
<td>紫微 天相 天虛
四十二
官祿</td>
<td colspan="2" rowspan="2">甲戌六十二歲同治十三年三月初七日辰時生
陽年男命
水二局
吳佩孚將軍
甲戌
戊辰
己酉
戊辰
命垣納音丙子澗下水入水二局</td>
<td>天福
子女
空
路</td>
</tr>
<tr>
<td>天機 巨門 地刦 擎羊 天姚 咸池
三十二
田宅</td>
<td>破軍 天才 台輔 華蓋
化權 太歲
妻妾</td>
</tr>
<tr>
<td>貪狼 祿存 八座 龍池
命主
博士
二十二
福德</td>
<td>太陽 太陰 天魁 陀羅 天貴 破碎
化忌
十二
父每
斗君</td>
<td>武曲 天府 三台 鳳閣
化科
初二
命垣</td>
<td>天同 天虛 天刑 恩光 天空 孤辰 刦煞
兄弟</td>
</tr>
</table>

武曲天府守命垣在子。附有三台鳳閣化科。文武爲良。紫微七煞廉貞天相左右昌曲化祿會照。武職威勇。福祿聰明。七煞來合。可謂朝斗格。一生爵祿榮昌。經云府相同來會命宮。全家食祿。又爲府相朝垣之格。富貴必矣。訣云府相廟垣格最良。出仕爲官大吉昌。又云紫府朝垣。食祿萬鍾。武曲廟垣。威名赫奕。廉

貞守身垣在申。入廟爲最旺。廉貞入身垣。爲次桃花。賦性剛强。孤高不羣。逢帝座執威權。遇祿存主富貴。附有化祿。對方祿存來合。雖落刦路旬空之內。更有金空則鳴之說。天馬化祿與對方祿存相合。書云天祿天馬。驚人甲第。大運行辰。爲官祿宮。祿權科三奇。并三方諸星拱照。兵權萬里。威震華夷。書云科權祿合。富貴雙全。運限亦可借斷。科權祿拱。名譽昭彰。所以衣祿之神。定主享通之兆。大運行巳。天梁落陷。又爲火星天殤大耗之鄉。飄泊不堪。小運行未。地空天使鈴星。對方雙化忌。故入四蜀。因化祿天馬在申方。日元巳酉長生在西南。亦喜酉字。書云夫子絕糧。限到天殤之內。鄧通餓死。運逢大耗之鄉。項羽英雄。限至地空而喪國。又云火星鈴星專作禍。刦空殤使禍重重。固非如此之甚。總是在意思上着想。若非命强身强。諸吉擁護。眞有不可思議者。壬申年斗君在戌。擎羊衝命垣。武曲化忌太歲壓身垣。小運行寅。流馬遇祿。亦可謂之祿馬交馳。身垣原有祿馬來合。故返平。現行大運在午。合命垣。煞破狼相聚。祿權科相會。權威並施。仁慈大隆。丙子小運入午。七煞限與大運同宮。流羊三煞歲破力士太歲共衝。并相戰於命垣。白虎化忌入身垣。當有驚人之象。小運行未。入地空。生變。其後入刦。勞碌不寧。晚景逸樂。

<table>
<tr>
<td>太陽 文昌 天殤 祿存 三台 天官 破碎
化科
大運
五十五
奴僕
傍</td>
<td>破軍 地空 擎羊 天貴 天哭 天虛
六十五
遷移</td>
<td>天機 左輔 右弼 天使 火星 封誥 大耗
化權
七十五
疾厄</td>
<td>紫微 天府
財帛
空</td>
</tr>
<tr>
<td>武曲 地劫 陀羅 天姚 龍池 華蓋
四十五
官祿
正</td>
<td colspan="2" rowspan="2">丙子六十歲四月十一日巳時生
陽年男命　土五局
王克敏總長
丙子　壬辰　壬申　乙巳</td>
<td>太陰 文曲 天鉞 天喜 八座 咸池
小運
子女
亡</td>
</tr>
<tr>
<td>天同 鈴星 紅鸞
化祿
身主
三十五
田宅</td>
<td>貪狼 鳳閣 天壽 孤辰
命主
身垣
妻妾</td>
</tr>
<tr>
<td>七煞 天馬 恩光 寡宿
二十五
福德</td>
<td>天梁 天空
十五
父母
斗君</td>
<td>廉貞 天相 天刑 天才 天福
化忌
初五
命垣</td>
<td>巨門 天魁 台輔
兄弟</td>
</tr>
</table>

廉貞天相守命垣在子廉貞和平天相入廟附有化忌生平是非波折貪狼在戌入廟守身垣考其像貌乃兼孤辰之宿魁鉞夾身垣得高人輔助之力身命夾巨門每起風波招非官祿宮武曲入廟主武職因落封可主財賦之官附有陀羅地劫多屬殘傷不寧之局紫府爲財星入財帛宮遇空亡亦多名美財虛大運交二十五歲後七煞天馬朝紫微即主財權兩旺惟午方擎羊等星頗具衝破之象中年大運行官祿宮官途有展因入正劫之方難免有奔走劫制之虞現行大運會巨門多動少靜是非爭持勞碌不息甲戌年小限行申紫府合七煞武曲天相常有崢嶸化祿入命垣定有來財之處太歲壓身垣流陀入相貌宮主剋身流羊入田宅主動乙亥年太陰限主飄泊晚年見天喜不吉紅鸞大耗流羊入官祿宮并合身命垣必生變端明年雙羊化忌後年巨門限化忌

武曲 破軍 祿存 封煞 破碎 博士 財帛 八十三	太陽 擎羊 台輔 天貴 天哭 天虛 子女 九十三 空	天府 天鉞 大耗 妻妾 亡	天機 太陰 天姚 化忌 化權 兄弟
天同 文曲 天使 陀羅 天刑 龍池 華蓋 斗君 疾厄 七十三	商震主席	戊子四十八歲八月十六日子時 陽年男命 木三局	紫微 貪狼 天喜 天才 天壽 咸池 化祿 命主 命垣 身 小運初三
右弼 紅鸞 天官 天福 化科 遷移 六十三	戊子 辛酉 乙未 丙子		巨門 文昌 鈴星 鳳閣 寡宿 身主 父母 十三
天殤 火星 天馬 三台 封誥 孤辰 奴僕 五十三	廉貞 七殺 天魁 天空 官祿 四十三 傍	天梁 八座 恩光 太歲 田宅 三十三 正	天相 左輔 地封 地空 福德 二十三

紫微貪狼守身命垣在酉無煞主貴主福壽附有化祿主財咸池天喜臨之更主孤高書云極居卯酉多為脫俗之僧有煞方論無煞常人主貴雖無煞亦主孤高不羣貪狼為次桃花遇紫微為桃花犯主天喜咸池所以為孤也天魁祿存博士化科紅鸞右弼諸吉來合定主精明幹練大運行戌昌曲鈴陀即主崢嶸大運行子入正空必有封制之虞午上擎羊有衝在此運內重遇流年凶煞必生變化現行大運在丑雖在傍封之內究屬為官祿宮三方相合正富貴齊來滿天星斗光耀逼人時也大運入寅天馬遇火星為戰馬對方機月化忌恐難安靜老運曾榮此亦煞破狼之格局有紫微武曲廉貞相邀諸吉拱照武職權貴

此造與梁任公先生命盤參看便知文武不同運限亦異

今人命格

巨門 左輔 天使 鳳閣 天才 封誥 天福 祿 孤辰 太歲 七十五 奴僕 刦	廉貞 天相 天鉞 火星 天空 咸池 六十五 遷移 身垣	天梁 文曲 文昌 天殤 科 忌 五十五 疾厄 大運	七殺 地空 陀羅 四十五 財帛 長生 亡
貪狼 天喜 官祿 路	辛巳光緒七年二月初九日卯時生 陰年男命 土五局 張作相軍長 辛巳 辛卯 辛丑 辛卯 命垣納音庚子壁上土入土五局		天同 右弼 祿存 龍池 台輔 天官 破碎 博士 三十五 子女 空
太陰 田宅			武曲 羊刃 紅鸞 天刑 大耗 命主 二十五 妻妾
紫微 天府 地刦 天魁 天姚 恩光 天貴 刦殺 福德	天機 鈴星 三台 八座 天哭 寡宿 華蓋 身主 父母 小運	破軍 初五 命垣	太陽 天壽 天虛 天馬 權 十五 兄弟

破軍臨子入命垣廟地書云破軍子午宮無煞官資清顯至三公甲癸生人合格然貪狼七煞加會所以武職權貴廉貞天相守身垣附有天鉞貴人火星兩衝亦主武職名振祿科夾身紫府天魁武曲相合主武主貴運入申方有威權五十二三兩年不利因大耗太陽限并武貪之化忌壬祿在亥擎羊衝身命垣癸祿在子羊陀夾命寅卯兩宮各遇流年大耗故不吉乙亥非祥丙子丁丑又如壬癸兩年有變化莫測之象小限紫府天馬三方來合可主權令惟波折不免因廉貞化忌流羊多衝之意

天梁化科 陀羅 天姚 龍池 天哭 四十四 財帛 大運	七煞 右弼 祿存 咸池 大耗 博士 三十四 子女 亡	擎羊 鈴星 天虛 二十四 妻妾 空	廉貞 左輔 地刦 天鉞 天喜 恩光 天貴 十四 兄弟 傍
紫微 天相 天殤 三台 天壽 身主 疾厄 五十四 小運	己丑年四十六歲五月廿一日酉時 陰年男命　金四局 己丑　庚午　丙寅　丁酉 門致中先生 命垣納音癸酉劍鋒金入金四局		鳳閣 天官 初四 命垣 正
天機 巨門 台輔 命主 身垣 遷移 六十四 斗君			破軍 八座 天才 寡宿
貪狼化權 地空 天使 紅鸞 天福 天空 孤辰 刦煞 奴僕 七十四	太陽 太陰 文曲化忌 文昌 天刑 華蓋 破碎 太歲 官祿 八十四	武曲化祿 天府 天魁 火星 田宅	天同 天馬 封誥 福德

鳳閣天官爲吉曜守命垣在西主清貴文武皆吉臨於正封之內難兔有勞碌封制之慶再合對宮論斷巨門天機居卯己生人位至公卿不貴即富其中並無剝雜不純之宿其貴可知復守身垣當然名譽昭彰書云巨宿天機爲破蕩女命不宜乾命遇之亦難免必無之事或先破後成亦未可知交二十四歲後大運脫去申宮傍空亥卯兩方相合拜合對方爲官祿宮日月昌曲定主剛斷英持智勇天錫之象擎羊鈴星天同主武職威權惟官祿宮化忌多風波卯方巨機是非多爭亥方天同天馬多動少靜乃奔走之宿大運入午火空則發七煞破軍貪狼相會武曲天府天魁右弼博士並雙祿萃聚一堂此風雲際會時也有財權兩旺名利雙收之概惟大耗咸池之鄉虛花不實者或亦有之四十四歲後陀羅遇天馬爲折足馬天梁遇馬主飄泊必有往返徒勞之苦化科得用或有進益五十四歲左右紫府魁鉞相會逸樂無窮借用申方廉貞爲官祿宮自然神峻氣勁若無傍封則權位尤隆甲戊年流羊衝身垣小限天羅大限無力凶多吉少乙亥年太歲衝大小運官符流祿入身垣遇巨門是非不寧

今人命格 一二一

紫微 七煞 破碎 化科 四十二 財帛 大運	文昌 紅鸞 天才 封誥 咸池 中傍 三十二 子女	左輔 右弼 地空 火星 寡宿 二十二 妻妾 旬正	文曲 天鉞 天福 命主 十二 兄弟 長生
天機 天梁 天殤 擎羊 天姚 天官 化祿 化權 五十二 疾厄	程克市長 乙酉光緒十一年四月初八日辰時 陰年男命 水二局 乙酉 辛巳 丙子 壬辰 命垣納音乙酉泉中水二局		廉貞 破軍 天哭 太歲 初二 命垣 小運
天相 地刧 祿存 天虛 博士 六十二 遷移			天壽 台輔 天空 父母
太陽 巨門 天使 陀羅 鈴星 三台 天貴 刧煞 大耗 七十二 奴僕	武曲 貪狼 龍池 鳳閣 華蓋 官祿 身垣 八十二	天同 太陰 天魁 天喜 天刑 八座 恩光 身主 化忌 田宅 斗君	天府 天馬 孤辰 福德

廉貞破軍守命垣在酉乙生人主吉因乙祿居卯亦可爲榮武貪守身垣在丑又爲官祿宮聰明風采可知大運交二十二歲後雖入正刧旬空而左右天府武貪祿存天相相會饒有令名火星地空難免東奔西馳三十二歲後因寅方巨門對方化忌又在刧空之內官途難大展文昌天魁當有進益交四十二歲後大運入巳逃出刧路空亡巳酉丑三合身命官祿大有名利雙收之象五十二歲後行辰機梁祿權魁鉞相會財官並美晚景逸樂

紫微 七煞 陀羅 破碎 初六 命垣 身 旬	祿存 紅鸞 台輔 咸池 博士 父母	左輔 右弼 擎羊 天貴 寡宿 福德	合對宮看 田宅 斗君
天機 天梁 文曲 天姚 科 命主 十六 兄弟 空	丁酉三十九歲四月二十九日子時 陰年男命　火六局 鮑毓麟局長 納音乙巳覆燈火入火六局 丁酉 乙巳 戊子 壬子		廉貞 破軍 天鉞 天哭 太歲 官祿 小運
天相 火星 八座 天虛 二十六 妻妾 正			文昌 天使 鈴星 天空 奴僕
太陽 巨門 天才 天壽 封誥 天官 封殺 化忌 大耗 大運 子女 長生 三十六 傍	武曲 貪狼 龍池 鳳閣 恩光 華蓋 四十六 財帛	天同 太陰 天殤 天喜 天刑 化權 化祿 身主 疾厄 五十六	天府 地封 地空 天魁 天馬 三台 天福 孤辰 遷移 六十六

紫微七煞守身命垣在巳為旺武職最利魁鉞來合高人為輔祿科相夾財蔭並茂附有陀羅書云見陀亦發財旬空臨之有火空則發之說難免有猶豫之慮因身垣遇空之故紫微降伏七煞書內明載七煞屬金為火主肺熱加以陀羅金助成七煞之慮紫微亦隨波逐流矣紫微屬陰土因心性過於剛強則木旺水斷土乾金盧（參看疾厄之判定）然武職之貴仍在紫微七煞與陀羅之力祿存入于相貌宮主財身垣與命垣同宮若身垣臨于他宮又當別論大運在辰即係美境交二十六歲後合官祿宮天府左右加會即蒸日上榮膺要職財祿為聚惟封路火星有封制刑衝之害未方擊羊主生變化魁鉞擊羊亦主偏財三十六歲大運行寅為傍封乃巨門大耗之鄉化忌相擾宜靜養勿操心稱吉所美者文昌鈴星祿存來合自然得享安康之福大運入丑武貪為財權合身命垣並官祿宮脫去空封主大富大貴本年太歲衝身命垣遇流年天馬多動少靜不喜再遇迭陀

紫微 天府 火星 封誥 六十二 遷移	天機 天殤 天鉞 天姚 大耗 化忌 五十二 奴僕 中	破軍 擎羊 天哭 天虛 四十二 官祿 大運 旬	太陽 地劫 地空 祿存 恩光 劫煞 破碎 博士 三十二 田宅
太陰 天使 天喜 咸池 化權 小運 七十二 疾厄	戊子四十八歲七月十五日午時 陽年男命 水二局 杜月笙先生 戊子 庚申 乙丑 壬午 納音甲寅大溪水入水二局		武曲 右弼 文昌 陀羅 鈴星 龍池 華蓋 化科 身主 二十二 福德
貪狼 左輔 文曲 鳳閣 寡宿 化祿 命主 八十二 財帛			天同 紅鸞 天刑 天官 天福 十二 父母
巨門 天貴 子女 斗君 九十二	廉貞 天相 三台 台輔 太歲 妻妾 正	天梁 天魁 天空 傍 兄弟	七殺 天馬 八座 天才 天壽 孤辰 初二 命垣 身

七煞守身命垣在寅有朝斗格主武職權貴天馬孤辰同宮宜於道門爭榮遷移宮之火星官祿宮之擎羊與哭虛相纏微破其局初行運多飄泊大運入辰武貪左右昌曲祿科紫府天相作合正風雲際會時也由此步步春臺若無鈴陀夾雜其中尤美交三十歲後大運行巳日月相合豹變龍興光華燦爛空劫巨門主坎坷爭持波折不寧現行大運在官祿宮雖是空亡有火空則發之說貪狼七煞會聚一堂定主財權兩旺名利雙收之象晚景隨遇而安自然康樂無極明年白虎衝身命垣雙擎羊衝大運小限地網突生波折後年巨門限遇流年化忌官祿宮見大耗官是官非五十一歲戊寅太歲壓身命垣流羊衝大小運不祥流年文昌到申來合定有進益

巨門 文昌 天喜 天刑 天空 孤辰 刦殺 身主 初四 命垣 長生 小運	廉貞 天相 地空 三台 鳳閣 天福 命主 刦 十四 父母	天梁 天鉞 陀羅 火星 天壽 封誥 福德 二十四 路	七殺 祿存 八座 龍池 博士 斗君 田宅 三十四 空
貪狼 地刦 華蓋 太歲 兄弟	命垣納音辛巳白蠟金入金四局 黎炳文進士律師 庚辰 丙戌 壬申 乙巳	庚辰五十六歲九月初七日巳時生 陽年男命　金四局	天同 文曲 擎羊 天姚 天才 威池 化忌 官祿 四十四 亡
太陰 鈴星 化科 身垣 妻妾			武曲 天殤 恩光 天虛 化權 奴僕 五十四 大運
紫微 天府 右弼 天馬 天哭 天貴 子女	天機 天魁 寡宿 破碎 財帛	破軍 左輔 天使 七十四 疾厄	太陽 紅鸞 台輔 天官 大耗 化祿 六十四 遷移 生年文昌

巨門守命垣在巳爲旺附有文昌合有文曲主文藝幷身垣太陰化科蓋以此成進士官祿落空有金空則鳴之說擎羊化忌官途不展巨門爲是非之宿鈴星主聰明偏財遷移太陽化祿大耗故入法律界担任律師之責大運行午未在刦路之內地刦地空又夾命垣故奔馳不寧官職不展交三十四歲左右大運行申七煞限紫府祿馬右弼左輔貪狼破軍相會自然名噪一時現行武曲限合貪狼較前尤美本年巨門限太歲歲破來衝身垣官符太陰化忌羊陀來夾不以吉論身命相夾流年大耗紅鸞擎羊主破財消財是非不安

今人命格

天機 天殤 恩光 破碎 祿 五十五 疾厄	紫微 文昌 紅鸞 封誥 咸池 科 亡路 四十五 財帛 身垣 大運	地空 火星 天才 天貴 寡宿 三十五 子女 空刦	破軍 文曲 天鉞 天福 身主 二十五 妻妾
七煞 左輔 擎羊 三台 天官 六十五 遷移	孔星橋先生 命垣納音壬戌大海水入水二局	乙酉五十一歲正月十三日辰時 陰年男命 土五局	天刑 天哭 太歲 十五 兄弟 小運
太陽 天梁 地刦 天使 祿存 天壽 天虛 權 博士 七十五 奴僕 斗君	癸丑 丙辰	乙酉 戊寅	廉貞 天府 右弼 八座 台輔 天空 初五 命垣
武曲 天相 陀羅 鈴星 刦殺 大耗 官祿	天同 巨門 天姚 龍池 鳳閣 華蓋 身主 刦 田宅	貪狼 天魁 天喜 福德 路	太陰 天馬 孤辰 忌 父母

廉貞天府守命垣在戌為旺書云戌上天府壘千金左右三台八座諸吉為輔七煞武曲鈴陀主武職之貴紫微化科文昌守身垣主聰明心性亦高尚三十五歲左右入刦路旬空地空火星限合有巨門天同化忌孤辰天馬天使地刦奔波不寧所美者日月並明在外顯光華官祿宮大耗亦多虛耗精神鈴陀每有殘傷衝破之虞四十歲後行午合寅戌並對方本主大展因刦路而挫折交五十歲後天機化祿太陰天刑等星多屬飄泊之宿宜於道門爭榮化忌又為多管之神其他可掌法令之權因天刑在酉借為官祿之用然化忌在亥亦多波折明年有動機宜進取之魁鉞夾命垣若順行運較此為優

天府 天哭 小運 福德	天同 太陰 咸池 大耗 忌 路 田宅	武曲 貪狼 鈴星 天刑 天虛 八十五 官祿 刲	太陽 巨門 地刲 天使 天鉞 天喜 天福 命主 七十五 長生 奴僕
擎羊 天才 天官 父母	徐澤如經理 乙丑七十一歲十一月初二日酉時 陰年男命 土五局 乙丑 戊子 癸亥 辛酉 命垣納音己卯城頭土入土五局		天相 身主 六十五 身垣 遷移 大運
廉貞 破軍 祿存 台輔 博士 初五 命垣			天機 天梁 天殤 天壽 寡宿 祿權 五十五 疾厄 亡
左輔 地空 陀羅 紅鸞 天空 孤辰 刲殺 十五 兄弟	文曲 文昌 恩光 天貴 華蓋 破碎 太歲 二十五 妻妾	右弼 天魁 火星 三十五 子女	紫微 七煞 天馬 天姚 封誥 科 四十五 財帛 空

廉貞破軍守命垣在卯賦云廉貞煞不加聲名遠播書云乙生人破軍同吉因附有祿存之意博士主聽明文學天相守身垣敦厚持重衣祿豐足天相又能化廉貞之惡官祿宮若無刲路空亡鈴刑天虛可居元宰財帛紫微七煞羊財因水空則泛不能獨享天馬同宮可謂興馬之財天馬又落空決難在手乃奔波而分配之有財來財去之意大運交二十五歲後合武貪府相即主亨通之兆大運交四十五歲後財權兩旺命垣祿存官祿武貪均屬財星故爲嘗業經理亦銀錢行之一種祿存主惜財主富有積蓄爲人心性孤高乃天相廉貞祿存也田宅主先破後成天同太陰咸池大耗井對方火星主衡散一生在外奔波雖有家而無家化忌又主對貽家庭操心分神甲戌年流羊衡破生年之祿主分其積蓄明年小運大耗之鄉廉貞化忌非祥七十四歲流年戊寅小運尅太陽遇巨門大耗將軍入身垣或見疾病亦未可知所以八字身方一氣飄泊在外有財未享等於財來財去己卯太歲歲破三殺衡身命垣並大小運大運在未交生日以前仍在西方

天府 祿存 紅鸞 大耗 命主 博士 三十二 田宅 大運 小亡	天同 太陰 地封 擎羊 天貴 權 官祿 四十二	武曲 貪狼 天殤 天鉞 三台 八座 寡宿 祿 五十二 奴僕	太陽 巨門 火星 天馬 天姚 天哭 遷移 長生 六十二
地空 陀羅 天刑 天虛 二十二 福德 身垣 空	戊戌三十八歲八月廿一日未時生 陽年男命　水二局 性然和尚 戊戌 辛酉 壬寅 丁未 命垣納音甲寅大溪水入水二局		天相 天使 封誥 疾厄 七十二
廉貞 破軍 右弼 文昌 天官 天福 咸池 科 身主 十二 師長 父母			天機 天梁 鈴星 恩光 華蓋 忌 太歲 財帛
龍池 天壽 初二 命垣	天魁 台輔 破碎 兄弟 路	鳳閣 天才 緣法 封	紫微 七煞 左輔 文曲 天喜 天空 孤辰 封殺 徒弟 斗君

龍池水天壽土爲吉曜守命垣在寅合有巨門太陽火星天馬天姚主在外峥嵘命無正曜二姓延生地空陀羅天刑天虛守身垣在辰復落空亡身命俱無正曜故入空門禮佛書云三不了分號天刑爲僧爲道是孤身哭虛二星皆同到終是難逃有疾入天虛入身垣天哭合命垣羊陀火鈴四煞均合身命生平多走極端大運入辰奔走四方交三十二歲後入巳火空則發紫府諸星相合財權兩旺選爲一刹之主於西直門外廣通寺因巳方乃大耗之鄉故收入皆修補工程決非其他所能比擬甲戌太歲衝身垣羊陀夾命垣主災厄乙亥年羊刃大耗入身陀羅入命太歲衝大小運難免勞碌不寧主剋六親不以吉論丙子年雙羊刃三煞太歲歲破共衝必迭起變端

<table>
<tr><td>天同 祿存 紅鸞 封誥 大耗
命主 博士
三十二
田宅
大 小運</td><td>武曲 天府 擎羊 鈴星 天壽
官祿
四十二</td><td>太陽 太陰 左輔 右弼 文昌 文曲 天鉞
權 科 身主 華蓋 寡宿
五十二
奴僕
天殤</td><td>貪狼 地空 天馬 天哭
祿
身垣
遷移
長生
六十二</td></tr>
<tr><td>破軍 陀羅 火星 天姚 天虛
二十二
福德</td><td colspan="2" rowspan="2">戊戌三十八歲四月十八日卯時
陽年男命　水二局
郭壽同先生
戊戌　戊午　庚子　己卯
命垣納音甲寅大溪水入水二局</td><td>天機 巨門 天使 台輔
忌
疾厄
七十二</td></tr>
<tr><td>天官 天福 咸池
十二
父母</td><td>紫微 天相
太歲
財帛
八十二</td></tr>
<tr><td>廉貞 地劫 八座 龍池
初二
命垣</td><td>天魁 破碎
路
兄弟</td><td>七殺 天刑 三台 鳳閣 天才
劫
妻妾</td><td>天梁 天喜 恩光 天貴 天空 孤辰 劫殺
子女
斗君</td></tr>
</table>

廉貞守命垣在寅爲旺附有地劫主威權有勞碌貪狼守身垣宜藝業爭強附有地空主奔馳不寧廉貪空劫皆宜於道遷移祿馬在外財祿逐心財帛紫相財星入財宮主富有武府入官主掌權若無擎羊擾亂其中定主武職權貴鈴星有一切意外之喜大運入田宅天同大耗家中難免耗財之虞交四十二歲後行官祿宮三方相合主大展懷抱有所建樹自然名利雙收晚景尤美乙亥年大小運入巳吉凶半之丙子年雙刃太歲三煞衝小運白虎衝身命垣或見憂傷亦未可知又因喪門化忌臨於命宮之故丁丑年官祿宮事繁坟墓有移動主荒蕪氣散欠整頓

今人命格

<table>
<tr><td>天機 左輔 陀羅 龍池 天哭
小運 福德</td><td>紫微 祿存 三台 台輔 咸池 大耗
亡 田宅</td><td>擎羊 天虛
官祿 空</td><td>破軍 天使 天鉞 天喜 八座
奴僕 路</td></tr>
<tr><td>七煞 文曲 忌 天才 天壽 天貴
父母</td><td colspan="2" rowspan="2">己丑四十七歲二月初二日子時
陰年男命 火六局
己丑 丙寅 戊寅 甲子
謝彌安先生
命垣納音爐中火入火六局</td><td>右弼 天官
六十六 遷移 流年文昌
封</td></tr>
<tr><td>太陽 天梁 科 火星
初六 命垣 身</td><td>廉貞 天府 文昌 天殤 鈴星 天刑 恩光
寡宿
斗君 疾厄 五十六</td></tr>
<tr><td>武曲 祿 天相 紅鸞 天姚 封誥 天空 孤辰
身主 封殺
十六 兄弟</td><td>天同 巨門 華蓋 破碎
命主
二十六 妻妾</td><td>貪狼 權 天魁
三十六 子女</td><td>太陰 地封 地空 天馬
大運 財帛 四十六</td></tr>
</table>

太陽天梁守身命垣在卯日出扶桑日照雷門格日居卯晝生人合局右造雖非晝生人亦主光明磊落道貌可親太陽天梁皆主聰明慧悟多才多藝附有化科尤美火星若不作衝自當早爲聲勢生平得日月之光華遠處爭榮火星遇太陽主左目驚傷相貌文曲化忌每多波折亦好管之耀財宮太陰空封天馬有財不聚官祿擎羊雖主武職權貴究屬不足有官難守因擎羊作衝之故況落於未方之空天虛宜於道門中立足非純武職也福德田宅諸星多係清高孤癖之宿交三十六歲後合田宅大耗破家內憂大運入亥太陰空封主飄泊勞碌合日月化科天梁天機主文藝增新有大放光明之象誠恐火星爲害心性不恆若能鎮懾定主名燥一時爲終身之福而逸樂亦無窮也本年羊陀夾身命垣太歲衝大小運不吉明年大耗之鄉內外不寧暇瑜互見丁丑白虎衝身命雙刃入官祿變化莫測其後入封宜靜守若平心靜氣專力醫術之學有神存心手之能定享盛名

太陰 天使 祿存 刦殺 破碎 權 博士 七十二 疾厄	貪狼 擎羊 天壽 天哭 天虛 祿 命主 空 八十二 身垣 財帛	天同 巨門 天鉞 天姚 三台 八座 大耗 子女 亡	武曲 天相 鈴星 恩光 身主 妻妾 長生
廉貞 天府 右弼 陀羅 龍池 台輔 華蓋 科 六十二 遷移	戊子四十八歲七月二十二日戌時 陽年男命 水二局 戊子 庚申 壬申 庚戌 舒養拙先生 命垣納音壬戌大海水入水二局		太陽 天梁 地刦 天喜 咸池 兄弟 小運
天殤 紅鸞 天刑 天官 天福 五十二 奴僕 斗君			七煞 左輔 鳳閣 天才 天貴 寡宿 初二 命垣
破軍 文曲 天馬 孤辰 四十二 官祿 大運	地空 天魁 天空 三十二 路 田宅	刦 紫微 文昌 火星 封誥 太歲 二十二 福德	天機 忌 十二 父母

七煞守命垣在戌入廟合有左右天府祿科可稱財官格局昌曲雖弱身命加會亦美若無羊陀火星夾雜其中更妙然爲人聰明博學熱心好道亦在此一切紫貪相會廉煞相合亦光風霽月之士也性情之剛乃擎羊火星哭虛也紫微七煞貪狼廉貞天府亦難屈入下現行之運入官祿宮合身命垣正有爲時也交五十二歲入卯方天刑入廟主權文武皆宜名譽昭彰喜氣頻來頗極一時之盛老運吉慶高枕無憂非徒自喜人亦羨之乙亥文昌入午有進益丙子雙羊刃三煞太歲歲破共衝身垣遷移雙陀羅廉貞化忌必有變化爭撓之虞或見疾病丁丑流祿大耗入午消耗精神

今八命格

武曲 破軍 陀羅 鈴星 天馬 天貴 祿 命主 田宅	太陽 地刦 祿存 三台 博士 官祿	天府 天使 擎羊 華蓋 太歲 奴僕	天機 大陰 天鉞 紅鸞 天姚 八座 天空 孤辰 刦殺 遷移 六十六 傍
天同 地空 火星 天刑 寡宿 身垣 福德	袁世凱總統 己未咸豐九年八月二十日未時 火六局 己未 癸酉 丁巳 丁未		紫微 貪狼 天殤 天才 封誥 恩光 天官 權 大運 小 正 疾厄 五十六
右弼 文昌 鳳閣 父母			巨門 財帛 四十六
天喜 天福 初六 命垣 長生	廉貞 七殺 台輔 天虛 破碎 旬 十六 兄弟	天梁 天魁 咸池 大耗 科 二十六 妻妾 空	天相 左輔 文曲 龍池 天壽 天哭 忌 身主 子女 三十六

天喜為吉曜守命垣在寅附有天福長生機月來合主爭強紫府夾遷移在外遇貴命與亥合有天相化忌身與酉合有紫微貪狼太陽在午日麗中天附有祿存雖非守命垣然官途亦可借用況太陽為官祿宮主祿存守之財官昭著極品之論文武皆宜惟官祿宮之地刦身垣之地空火星天刑故生平奔馳不寧交五十六歲後若不入刦路空亡丑方不遇旬空眞未可量也流年甲寅乙卯均不吉田宅宮陀羅天馬為折足馬鈴破俱是殘傷之宿故不利於國家又被地空地刦所夾

紫微 七煞 封煞 遷移	天使 天刑 台輔 恩光 疾厄 空	天鉞 紅鸞 天才 天壽 天官 寡宿 財帛 亡	太歲 子女 封
天機 天梁 文曲 天殤 八座 華蓋 身主 奴僕 五十二 大運 流羊太耗	張志潭總長 乙亥年八月十九日亥時壽終	光緒十年歲次甲申十月初十日子時生五十二歲 陽年男命 水二局 甲申 乙亥 辛巳 戊子	廉貞祿 破軍權 天福 咸池 破碎 八月 三煞 命主 妻妾 路
天相 擎羊 大耗 官祿 四十二 十九日 流祿			文昌 鈴星 天姚 三台 天哭 兄弟
太陽忌 巨門 祿存 火星 天馬 鳳閣 封誥 流陀 博士 天虛 田宅 斗君 三十二 亥時 壽終	武曲科 貪狼 左輔 右弼 天魁 陀羅 天喜 福德 小運 二十二	天同 太陰 龍池 天貴 流年化忌 父母 十二	天府 地封 地空 孤辰 命垣 身 初二

天府守身命垣在亥紫微七煞來合主貴附有地封地空孤辰生平奔馳不寧有孤高不羣之象難免有始無終莫展其才大運行丑武貪左右魁鉞紫微七煞祿權科相會定主財權兩旺大運入寅祿馬交馳蒸蒸日上惟巨門化忌火星是非不順名美財虛火星遇天馬爲戰馬故不易長久大運入卯爲官祿宮本當有爲因羊刃大耗多衝不安虛花不實對方亦囚耗之宿難助官途凡擎羊落于官祿宮中每生風波本年大運行辰在未交以前仍是大耗之鄉羊陀相夾小限在丑先吉後凶若無太歲壓身命垣或不至有此絕命

米振標夫人五十一歲十一月二十四日申時生

壬午　壬子　丙午　丙申

機梁守命垣在辰爲旺。主慈善有餘。壽福無疆。坐祿爲有根之財。乃生成之福。魁鉞來夾主貴。天馬守身垣在申。與坐祿相會。則祿馬亦交馳也。主富貴操勞。雖落空亡。有金空則鳴之說。與巳暗合。亦可謂之輿馬。主尊榮。復得左右日月昌曲相拱。是以榮顯貴耀。胸懷琳瑯。桂子蘭孫。鳳彩翱翔。初運十六歲。府相祿魁。紅喜雲聚。卽藍玉生光。二十六歲後。多動少靜。益顯光華。三十六歲後。雖財權雙美。操心勞力。在所難免。而所遇者。皆聲名貴顯。凡百喜慶。均於無意中得來。現行大運交入子方。偏財正輔。福滿一堂。五十六歲後。紫府魁鉞。諸吉相合。德政巍巍。絢爛慈祥。宜欣喜。勿憂疑。

某男命四十二歲十月二十五日亥時生

癸巳　癸亥　癸酉　癸亥

詳查貴造。天同太陰守命垣在子。爲廟旺。有水澄桂萼之意。附有祿科。生平財祿無缺。惟地空刦路。乃奔馳之宿。時有刦制之虞。卽所謂半天折翅。浪裏行船之句云。
身垣無正耀臨。機梁來合。福氣豐隆。地刦大耗守之。亦係坎坷之宿。附有天姚紅鸞。
主風騷之客。到處遇貴。
按身命垣諸星推測所秉賦者。爲人心性剛强果决。志謀宏遠。有守有爲。堪稱上格
之命。孤高不羣。自是特長。
初行十四歲大運。雖有往返徒勞之苦。亦頗不惡。
交二十四歲後。大運入戌。環境不良。破敗之象迭見。
行三十四歲後。大運入酉。三方來合。高人爲輔。財祿遂心。
至四十四歲後。財官命三宮俱合。主財權兩旺。小有挫折。亦無大碍。去舊從新。乃必
有之事。五十四歲後。可蓄可儲。片玉寸珠。皆功德也。諸事順遂。自是晚景之福。

命　垣　主在外光明。主財祿。有奔波。

兄弟宮　有尅。

妻妾宮　主尅。

子女宮　爭强。有尅制。

財帛宮　有爭。主橫發資財。

疾厄宮　肝旺。肺虛。大腸忽燥忽瀉。

遷移宮　在外勞心。刑尅。

奴僕宮　得力。剛柔不濟。

官祿宮　文武皆宜。每生爭持。

田宅宮　先破後成。

福德宮　光榮。

父母宮　主尅。

本年太歲在甲戌壓身垣。白虎衝命垣。與三殺相戰。不吉。小運行地空。則失事。

某男命四十一歲閏五月十五日午時生

乙未　壬午　乙卯　壬午

紫破守身命垣在丑為旺。主貴主富。附有化科主文。天相左右來朝。得有輔佐。文武皆宜。此到處歡迎之命也。

為人心性。好高務遠。剛柔有不濟之虞。然心慈面軟。是其專長。

初行十六歲大運。財祿卽能順取。因替人分憂。難免東奔西馳。消耗金錢。

交二十六歲後。大運到亥。府相天祿來合。幷會官祿宮。定主財權雙美。

行三十六歲後。大運入戌。日月雖失輝。而昌曲為用。亦主在外方現光華。偶有變局。無礙前途。至四十六歲後。大運行酉。官祿福德命垣三方相合。財權兩旺。有所建樹。眞生平之最佳境也。卯方火星作衝。恐有小挫。若能留意。或可減輕。

大運入申。同梁為蔭為福。貴人親近。福履綏之。春臺熙熙。事業增新。俱意中事。當屬上吉。晚景逸樂。

方外女命四十七歲十月初十日酉時生

丁亥　辛亥　癸巳　辛酉

貴造武曲天相守命垣在寅。武曲乃司財賦之星。合有天相紫府爲最貴之命。孤尅二字。在所難免。暗合亥方太陰化祿。天魁爲佐。自然穎悟超羣。亦屬巨富。附有地空刦空。則艱辛忍耐。每每相纏。心性本來剛强。多有刦制。蓋皈依三寶。得享山林之樂者。亦由此耳。

破軍守身垣在申方。破軍爲耗星。主殘傷。疏親離鄉。巧藝。不守祖業。惟宜於僧道。不至有東傾西敗之處。內附地刦。主奔馳。亦主有籌算憂慮。而後志寧神定。不貽悔於日後。決非孟浪者可比。

總之命身主孤主貴。有財權。官祿宮作於空亡。又被衝破。官星不見。宜入空門。自有神明爲之扶助。不患不福祿綿綿。永保無疆。當平心靜氣。不辭勞瘁。皇天不負苦心人也。

一命宮　主孤尅。有財權。最貴。操心。

二兄弟　三四人。欠和。亦有衝。

三道情　進步慈祥。

四徒弟　二人。主有貴。有財。聰明。

五財帛　早年較弱。中年大旺。先難後易。

六疾厄　陰火心氣疾。肝旺風邪之症。

七遷移　離宗在外。勞心欠安。

八奴僕　不甚得力。懷怨。

九師號　掌山林。主權貴。

十田宅　先破後成。改換一發。

十一福德　主福壽。有勞碌。

十二父母　性暴心慈。不能雙全。即相貌宮。又作師長宮看。

查童限五六七歲。多災。不吉。

初行大運。十四歲以後。太陽太陰化祿魁鉞相合。漸獲禎祥。因在刦路之內。諸多蹭蹬。然門徑無差。得意不足喜。失意不足悲。居安思危。故免意外。

二十四歲後。大運入辰。各方來合。勇敢果決。雖勞碌耗財。亦無自餒。二十八九兩年。不以順適論。

交三十四歲後。大運行巳。爲長生之地。大放光明。得享尊榮。與天心相合。自無塵垢之象。三十四三十六三十七三年。當非佳境。交三十八歲時。逢甲子。木得春氣。定有發生長養之機。必有來財之處。

四十四歲後。大運入午。爲師號宮。卽官祿宮。三方來合。增長智覺。到處吉利。喜氣來時。自不覺歲月之長。惜落空亡。有火空則發之說。又被火星作衝。好在火入火方。歸於本位。亦無大碍。美有祿存博士坐守。惟天祿入午。有不久之虞。四十四歲。是年庚午。祿馬入身垣。難免奔馳。辛未身弱金旺不吉。壬申四十六歲。太歲歲破衝身命垣。流羊衝大運。流羊小運入大羅。又爲大耗之鄉。消耗金錢。刑尅六親。本年小運行卯入劫。奪取太陽光華。命垣逢流年文昌。當有進益。凡耳之所聞。目之所見。手足之所及。皆能有益於身心。惟流年大耗入命垣。必有驚心勞碌不寧之事。或見肝旺急熱之症。明年小運入地空主失事。天馬入身垣。則奔馳。天祿入命垣。雖有來財之奇。然大受擠兌。又遇官符。不見詞訟爲妙。四十九歲。小運入丑。主口舌是非。喪門白虎不祥。丙子白虎衝身命垣。流羊三殺在午。與太歲相戰。小運遇之、非吉。非交過丙子年。災難可消。事事如願。若早依附得人。急流勇退。或可減輕一切。

五十四歲後。大運入未行空。本宮與對宮星曜複雜。好在亥卯兩方。日月得地爲強。自然安樂無疑。六十四歲後。大運行申。益當勤修以求上進。卽眞卽幻。固爲仙家之秘。卽色卽空。亦佛家之宗也。幸勿忽此。

叢談

人之善惡賢愚。係箇人之天性與機緣相周旋。如大舜之父至頑。其弟殊惡。恒以殺舜爲事。所以人是一小天地。好歹賢愚。在乎箇人秉賦之命。卽所謂箇了生死苦。他人何能替我擔負絲毫。既生斯世。只看箇人天性如何與機緣如何。良者趨之。不良者避之可也。若論貞淫善惡之途。必須在預選陰宅一道求之。自不乃爾。人之心性情。各有不同。雖云有遺傳之關係。而身命不同。運限不同。機緣不同。遺傳亦能移動。若一味以遺傳爲盡是。尙有未符。比如父母係爭强之流。何以子孫爲示弱之輩。父爲巨宦。子不能繼之。父吝子奢。父放子慳。父武子文。父胖子瘦。何以不同。故全恃乎箇人身命運限爲何如耳。况時代變遷。遭遇不一。上代所爲。而子孫何能盡守舊業以嬗傳於不朽。是以種種遺傳。亦多被箇人命運境遇而轉移矣。至於疾病。亦不能以遺傳爲盡是。其他兄弟姊妹。亦如是理。命理一道。包羅萬象。眞有不能已於言者。

友人楊近仁君。自米宅來函。內附坤造一紙。係癸亥年十歲八月十一日寅時。連生二女。令批。按連生二女。普通上謂之雙生。有同一時辰。有不同一時辰者。此係同一時辰者。頗難作答。不得已思之再四而具復手示敬悉。內附坤造一件。按書詳查該造。命垣主福蔭。身垣主殘傷。所云雙生一節。先落生者主强。後臨盆者主弱。或先弱後強雖同一時辰。亦不相同。將來之境遇。更有千里之隔。存亡不一。好惡亦異。若加相法。或論心性。定知優劣。如心性剛強。不甚謙讓者。命劣福薄。心性柔緩者。不甚爭競。命優福厚。蓋先天之陰爲柔。先天之陽爲剛。剛劣柔優。又如剛易折而柔常存之意也。又說卦傳立地之道曰柔與剛。忽憶及十餘年前。有謝子清者。所生二女頗似之。先落生者性柔。出閣後。家庭豐富。頗享清閒之福。後落生者。性剛。出閣爲續室。家庭平常。夫死遺弱子女三人。而操勞受苦。望轉詢之。或如此理。

人生世間。諸般不易十全。又各有所偏。而不知終日所爲。及飲食起居一切爲何事。與夫古今至於將來。本求一中字。惜每多不悟也。允執厥中。實爲千古不易之道。按斗數法。除羊陀火鈴四煞。刑衝破害外。其他亦多孤獨尅制汎濫之宿。再加以流羊各凶煞。可見人之身命。亦難乎其爲身命也。若無之。則世間之人無所畏懼。必有不能立足之人。所以限制人者。皆在此生老病死苦。而亦難逃也。若不求乎中。亦難乎其爲人也。

附相宅小言

地理一道。豈易言哉。卽以中國地理而論。山水之源。土地之分。物質之產。氣脈之變。實有不能已於言者。至於陰陽兩宅。略知一二。便稱地理家。便稱堪輿家。殊不知堪者堪天也。當明天文。輿者輿地也。當知地理。豈可混稱堪輿者乎。余對於人事尚有未明。何敢言及天文地理也耶。竊思陰陽兩宅。爲人事中之主要。爲人事中之一件。爲地理中之一隅。言兩宅者。不過爲人置宅圖墓。稱相宅之士斯可矣。何可以堪輿家自居。而敷衍了事。不知關係家族與種族之重要。卽或天文地理人事。俱能了解。若用諸陰陽兩宅。必有餘無不足。謂之堪輿家。謂之地理家。孰曰不宜。玆經命理中考驗得來。關乎陰陽兩宅之優劣。是否之處。以待請敎。

以斗數之法相宅。無非遵照庸常之理。對於陰陽兩宅。一看命盤。便可明瞭好壞。宜速整頓。此齊家之要道也。如宅之全部左右。幷無依據。落空。則左右夾攻。前後毫無倚據。落空。則腹背受敵。左右前後均無倚據。則四面楚歌。何能鎭攝。風不能藏。氣不能聚。孤獨凋零。破敗奔走。內憂外患。接踵而至。卽以門前一方而論。吾人獨擋一面。尙非容易。故左方之輔。右方之弼。前方之照。後方之靠。必須有之。可以解內憂拒外患。而擁護之力必多。再如金石之堅。松柏之茂。福祿壽喜。自然美滿。一堂而逸樂亦無窮矣。

原斗數所云。太陰乃水之精。爲田宅主。田宅者卽塋地住所田地房屋院落。幷參看對宮。均包藏在內。若以太陰爲田宅之主。凡塋地住所田房及院落。皆主晦暗低下坑窪之意。如有田產。屬於水地水漭低窪之地。及菜園葦塘等。既云乃水之精。則孤陰不生。日久男孤女寡。或飄泊逃亡。書云。以太陽爲表。理固然也。按命理論太陰。爲女星。爲母星。屬於陰性。主靜。可主家政。故以爲田宅主。殊不知與命理中事實不符。大小運限遇太陰。尙主奔波飄流。在外顯光明。所以陰極求陽也。太陰爲月。遇山川大陸。江湖河海。方顯其精華。決不能放在家內屋內。與箱篋中。太陰入田宅。因主破家晦暗水窪低陷等病。故有奔走四方。攀求高阜之地。而棲止。所以有陰極生陽。陽極生陰之說。太陰靜中有動。太陽動中有靜。有時亦生變化。故動靜變化。盡在其中。如日月蝕及其他各種相纏。與風雲氣候。春夏秋冬四時之不同等類。紫微天府在全命盤中。旋轉其權令之得失。太陰太陽亦在全命盤中。旋轉其精華之晦明。若以紫貪武貪紫祿武府等星。再加各吉星爲輔。作田宅主。自然富有基業。家中必有福德壽高之人。爲之主宰。人丁亦大旺。天機入田宅。多主枯乾之象。被擠兌。難舒暢。破軍陀羅巨門天同大耗貪狼等星入田宅。破家分離。晚年雖佳。亦係先破後成。或遇運限大旺。或値子孫昌盛。決不能無破。紫府雖美。在寅申同宮。尙主孤寡。以上所論。不但田宅。至於坟墓全塋。亦若是焉。再參看本書之兩宅合論便知。

紫微天府七煞太陽。多屬於來龍。或爲朝照。若武曲天梁祿存魁鉞等星。主孤。龍砂朝照。久則孤絕。巳亥寅申來龍。或朝照爲優。子午卯酉之方。雖佳而少。其他日久殘破生變。各有得失。坐山朝向。宜於天干。不至有貽害。祇在慧心人一查其究竟耳。

地理書以窪下爲陽。高起爲陰。係取內藏之意。按斗數陰陽形勢。含有凸凹。而陰屬於凹爲方。陽屬於凸爲圓。其實方圓與凸凹相參合。陰陽卽爲起伏。陰伏陽起。凸凹亦然。一而二。二而一也。以面積論方圓。以高下論凸凹。總論爲陰陽。無非葬凸向凹。而必須朝凸。或葬凹向凸。萬不可葬凹向凹。或葬凸而向凹。幷無朝凸也。

陽宅喜動。陰宅喜靜。陽宅不可無陰。陰宅不可無陽。陰宅宜氣韻生動。陽宅宜氣韻生靜。陰陽二宅。必須動靜合宜。陽之太過則炎嚴。陰之太過則晦暗。有柔有剛。均非中和之相。必須陰陽調和。剛柔相濟。方爲吉宅。左右有確切接近之輔佐。前後有環繞關情之照應。亦爲吉宅。形勢亦然。形勢俱在。不必認定佈卦。若一味論卦體。究不知能否合於生者亡者之命。此是一大問題。

人皆知塋地如手掌一般。四面環抱。按地考查。十不得一也。故不久衰微敗絕。或飄泊。塋地最忌殘破不整。低窪落陷等病。有惑於水庫之說。而掘深坑。以致破家敗業。不可收拾。令人痛惜。當以土厚肥滿爲吉。定主豐隆福祿之象。人知全塋遍地種樹。而不知八方培土圍護陰陽兩宅之坑窪。知爲積水聚財之坑。而不知大耗地空破軍太陰之鄉也。水庫等坑。未必能發財官。確能預備造成死走逃亡之人家。而不以爲然。豈不惜哉。知塋地八方有避風之要。而不運土培補。使之不透。亦可怪焉。塋地無論何等貴處。當以藏風聚氣爲主。尤以年年修理之爲要。左右龍虎砂。當在本塋地基相毗連爲妥。遠則難借。卽或借用。亦未必准能有所得。或未到時期。若未到時。而先被其害。亦無所爲用矣。本塋左右前後若低窪。遠處雖高。亦無補其缺。一塊塋地。卽如一人之全體。何能借他人之皮肉。而益我之身軀。本塋之外。爲外局。能否借到之形勢。須於命盤上考查。便知詳細矣。并由命盤上考查。何支爲旺。何支爲弱。何支孤絕。可見地理一道。又關係吾人之身命也。無疑。

阡陌一字昭穆葬。在普通用之頗相宜。惟低中求乳。高處尋窩之法。徽有出入。低中求乳。乃得惟我獨尊之意。大地至多不過葬埋兩代。或三二穴。地卽不能用。四圍遇低下之地。確主飄流敗絕。高處尋窩。乃得藏風聚氣之意。然左右龍虎砂宜環抱有情。若孤高不羣之穴地。亦主出孤寡之人。日久敗絕。若平高之地。四面毫無依據。亦無起伏。失去輔佐。風不藏。氣不聚。八方皆透。定主生離死別。分家散亂。日久敗絕。千發萬發。只在一向。地理家每以此誤解。祇論一向之方有一種之形勢。對於全塋左右背後不問。鑄成大錯。所向者未必能得。亦未必准吉。而禍害確及于全家矣。此一向之誤。有不可盡於言者。又有徒講水法。不顧其他者。豈不知地大欺水。水大欺地。每多以塋前就道爲宜。而不知落刦。當以朝案爲要。如無美好朝案。或聚土培一龍崗亦可。惟不可用三峯五峯筆架式。乃斷節之龍也。故有萬山朝拱。不如眠弓一案之說爲妥。坟墓後多有聚土成山。名曰坟山子。以避風。惟不及餘地多而足滿。或有綿遠之靠爲吉。比如子午宮。有破軍貪狼天同太陰大耗地空巨門擎羊等星。決無接連後靠之地。比如太陽天府等星。在午宮必有前照之山等象。

陰陽兩宅、東西各國。皆講求之義理略有不同。即以各省縣之教堂而論。未有不採取上高地點方位與形勢。請詳考之。便知非虛。按整頓塋地。青年人多不顧及。中年人較爲注意。終不及老年人之心切。所以中間相隔二三十年之失修。必有破敗殘缺之形迹。水衝低陷之病。若至家業凋零。雖欲整頓。不但力量薄弱。而後人亦已長成。發福不及。若全塋毫無好處。再無補救。將來運限。亦皆平常。或凶險迭見。故陰宅當以年年修補培土。勿使其壞。可以延長。乃趨吉避凶之要道也。

按平陽之地。坐空朝滿。山坡之地。坐滿朝空之說。求其至理。坐空亦當有依據。朝空亦當有指實。決非眞空。此中大有研究。無論山地平陽。總以前有相宜之照。後有綿遠之靠。爲純吉。不然前空官祿假。後空子孫寒。余意以八方皆不可遇空。空則必有害。此說將來再爲詳細發表。

有幾種僞作。鋪張其說。妄擬名詞。以惑觀聽。爲害最深。余亦不敢論其是是非非。總以多看幾種地理書籍而知何者爲宜。其僞者自明矣。凡書皆有精華。能得其精華。便不爲虛耗工夫也。

查滿之爲要。以正南正北坎離二方爲眞實。其次東南西北乾巽二方爲的確。其餘各方。均當飽滿爲純吉。若圖一時之發。過則即敗。終非善策。

整頓舊塋。或建立新塋。必須早作准備。若人已生。八字已定。何能改易。惟要好兒孫。當在未生以先。或二十年以前圖之。若既生以後。祇論塋地之好壞。則八字身命俱非。若行好運時。塋地氣運。自然生動。若祇等好命運。不早注意祖塋。亦非。況塋地一事。關係至要。時時在心。一點不可輕忽。

若預觀塋地與氣脈之興衰。及內外之變局。只看命盤行運好壞。便知梗概。又何必撲風捉影。而妄談吉凶耶。塋地有不佳之處。行運必見波折。如不爲然。即請按塋地參合命盤。或以命盤參合塋地。便知不謬。對於塋地。不早爲整頓。日久益壞。子孫必被其害。亦可憐矣。

從來葬法選擇。多引用劉伯溫選擇要論。以亡者之年命干支參合。尚有遺漏。雖遇極好墓田與山向。難免發生敗絕。每以非龍眞穴的種種批評。其實亦不盡在此。蓋亡者八字命運有不合之故。當以亡者年月日時之喜忌研究之爲宜。比如喜金水。而葬於木火之方。爲亡者八字所忌。何能得氣生人。焉得不有敗絕之虞。比如亡者日元是辛丑。用丁未向。日元是壬子。用丙午向。日元是辛亥。而用丁巳向等類。與流年月日時相對。皆不吉安葬選擇吉期。自當注意亡者四柱年月日時之干支與喜忌。總之研究地理。必須熟習子平。不然有誤選擇。不但坟墓如此。至於陽宅街門房屋亦當根據子平四柱。喜者居之。忌者避之。較妥。若按坎一坤二。男幾宮。女幾宮之九宮。詳考不甚有驗。此其大而未化者也。或參用紫微斗數命盤。强宮居之。葬之。坐之向之。亦可。或按紫微斗數法參考生者死者之命盤。吉宮吉月吉日吉時亦可。此係箇人之吉日吉時。造葬之期。可免發生不利之事。

全塋地上。不可用石物石碑。磚物磚墻之類。即陀羅等煞。久則即成地刦劫煞破耗等星。定主家庭分離破散刑傷之害。

圖墓之事。舉意在永安先靈。而起發後人。坐向如不合先靈四柱之所喜。後人必難發展。或發現種種不良之情形。非所以安先靈也。當將先人四柱。及本人四柱。按斗數命盤詳查方位。便知喜忌。一地亦不必多葬。即爲孝子也。若地大戶多。自當愛護之。修補之萬勿以爲公中之事不相干己爲要。蓋有切身之關係在焉。

三吉六秀祿馬貴人等名詞。地理家每假此侃侃而談。對於正局之內外緊要之點。則多忽略。究竟能得與否。而不知也。好處未必能得。壞處已漸發現。地理家雖覺錯誤。不但不圖挽救之法。而反隱忍不言。以免貽笑於人。豈不痛哉。

普通之人有云。先有有德之人。而後有有德之地。每至無可奈何時。便以無德。不能得有德之地。加乎其上。決非探源之論。若獲良好墓田。子孫必發。按德之一字講解最廣。若以狹義德字加於人身。亦不可行。德爲萬能之首。大學首言明德。顏回樂道。未聞失德。何以夭亡。孔子德配天地。何以其子伯魚早喪。平常之人知德字之體。而不知德字之用。孔子之德。全體大用。况生孔子之地。亦非今之孔林也。若有美好之地後。不至再生不肖之子孫。戶大丁多。人族昌盛斯可矣。

置墓者。每每喜求財官大旺。至何等富貴地理家亦每每以此迎合人之心理。余意則不然。選地當求爲國出忠正賢能。與濟世安民之士。或創業之人。不以位高金多爲榮。總以種族蕃衍爲吉。

地理家對於選地立向擇期安葬。及生死之命理。當詳爲研究。分類作出說明書。使置墓者。得有明瞭。不可敷衍了事。亦不必隱藏其說。或本不十分明白地理。而假隱藏其說。欺世盜名。均非善策。看地理書。當以雪心賦爲第一其餘地理辯正疏。或其他重要之書。必須明白惑人之僞作。

有云以天星論斷。現卯酉正旺。子午較弱。山向宜趨東西。不求南北。此話確乎無疑。惟造葬之舉。乃是人事。子午雖弱。究竟正子午不敢用。卯酉雖旺。究竟正卯酉不可用。亦要看亡者之命。及其子嗣之命爲何如。

友人某常說蔣大鴻有不傳之秘。不宣洩于後世。令人生怨。余意則不然。悖理亂常。豈是人道。彼亦人也。我亦人也。不恨自己不研究而反責人。決非正理。天地之道。大公無我。豈不准吾人捉摸而有所研究者。蔣先生亦不過採天地自然之理。而洞徹其造化。斷無巧用機關而翻天覆地也哉。

正坆墓山後。或左右兩角。及左右方。不可葬埋孤兒孤女孤獨孤寡之人。左則日久左門孤單敗絕。右則日久右門孤單敗絕。中則日久中門孤單敗絕。不但墓內之局。不可葬埋。即或外局。或向上見之。久則入局。亦大受影響。北方多有爲之者。亦可哀矣。卽犯地刦地空刦殺孤辰寡宿哭虛破碎武曲等星。有以孝順鬼樂等等視之。究不知傷其龍脈。敗其元氣。破其局勢。害其子孫。所以不寧靜。不清淨。而貽禍於無窮也。普通對于正坆中。不葬不完之人。誠恐有害。此段尚有未發表之意思。容再圖之

北方建設塋地。每求青龍頭上飽滿。多有在青龍頭上建築陽宅。作爲看守之所。令人居住。不知青龍頭上飽滿。非是房間。乃淨土高阜耳。房間內空。有人居住。何能安靜。何能潔淨。地主不利。住主不祥。兩不相宜。幷主長門有翅難展。衰微破敗。飄泊死亡。不吉。白虎方亦如此理。而乾方有房屋。亦不爲淨。遺害滋多。

南方多山水。對於永安之舉。每喜清秀之山。不愛純厚之土。清秀之山。爲一時之精彩。而純厚之土。定千載之光榮。世人每以水爲財。不知有土卽有財。亦有官。大學云

有土此有財。官者亦土也。土地之官。財賦之官。何嘗離於紫微天府武曲祿存等星也。考古人有名者。所葬之地。多渾厚之山。純厚之土。故久而不絕。

當茲文化昌明時代。求是於實。若張口便說玄妙。以惑聽聞。令人莫明其玄。莫明其妙。而挾此玄妙。不肯告人。豈盡於人情也哉。必須指定一切。爲人眞正謀幸福。方爲世間道德之人。如孔孟之學。何嘗有一己之私哉。

陽宅每多用大遊年歌。八門套九星之法。以門爲主。房爲賓。對於命理合宜與否。不大甚求。茲有看陽宅一段拙見。未知是否。暫記於此。以備考查。無論城鄉鎮堡。第一先看全部局勢。左右前後之照應。其次宅體。必須中心之點。高阜之地。左方有輔。右方有弼。不落空亡。左空女尅男。主出孤寡之人。(左空街道小胡同小院空場空院皆是女尅男患癆瘵癱瘓等症遠處出外之類)右空男尅女。主出尅妻續娶之人。(右空街道小胡同空場空院皆是或婦女多病死亡續娶納妾外遇之類)左右皆空。男女皆尅。只看所空者爲何如耳。主要之房後。遇空與窪坑。子孫稀少。或夭折。久則敗絕。或飄流在外。披星戴月。必須飽滿得有依據。門前太空。氣散。太狹氣滯。氣亦不到。故難發展。必須氣韻生動。有滿壁春風之象，爲吉。街巷看氣口。假如來氣自東而西。由門前經過。有迂迴之勢。來水必須自西而東流。與氣相撞相接。爲吉。若氣與水同一方去。優者發旺一時。過則主凶。劣者家園零落。長幼奔馳。久則逃亡敗絕。兩分之水。兩分之氣。孤獨剋傷。男女桃花。卜宅者亦不可認定磚瓦木石好。便爲吉宅。

按歷書所載。推定一切吉凶日期。本爲全國通用之品。至於箇人。亦有一本歷書。卽八字命盤也。若推定箇人吉凶日期，必須參合箇人八字與命盤。幷八字之喜忌。及流年所遇一切。是吉是凶。認定箇人之身命運限。不能天下之人。盡趨於一箇目標也。吉日則天下之人皆爲吉日。凶日則天下之人皆爲凶日。比如賭博之事。若均作吉日看。何以有勝負之分。實有未解。當與選擇家。命理家。研究之。至於其他各本萬勿爲片面之書所誤。吉則未必眞吉。凶則未必眞凶。只在箇人之喜忌爲何如耳。

以上對於相宅一道。雖略言數則。未盡者實多。倘有難以筆述者尤夥。如有心得。將來再行發表可也。玆將相宅命盤列後

紫微七殺 來龍青龍可坐可向			
天機天梁 與巳宮參看	坐西北向東南一帶 乾山巽　辛山乙 亥山巳　戊山辰 壬山丙 坐東南向西北一帶 巽山乾　辰山戌 巳山亥　丙山壬 乙山辛 坐東北向西南一帶 癸山丁 艮山坤 寅山申		廉貞破軍 此破軍之水或自西北而東南或自西而東
天相 和合之水即兩水歸一之謂			
太陽巨門 有高大之象有倚據惟巨門有殘破處	武曲貪狼 高阜有靠有龍脈可坐可向	天同太陰 此天同太陰之水自西而東或由東而西流	天府 來龍青龍可坐可向

比如紫微七殺來龍。天府為朝照。坐東南向西北一帶長門較弱。或乏嗣。因西南一帶低窪空散之象。二三門較旺。因東北一帶飽滿之故。坐天府向紫微七殺一帶主長門次門較旺。三門弱。或無之。若坐武貪向西南一帶。以紫微七殺為青龍。（即巽方飽滿之意）以紫府為來龍。或以太陽為來龍。則長門較旺。三門飄泊。其巨門之殘破處。宜聚土補之。或遮蔽之。惟武曲不可純坐純向。恐出孤寡。人丁稀少。必須布齊各吉凶星後。斟酌用之。參看本書內論說。并考原地為何。總以相宜為要。

天機 氣韻較枯	紫微 來龍或朝照		破軍 有水而低窪
七煞 高埠	坐西北向東南一帶 戌山辰 辛山乙 坐西向東一帶 酉山卯 坐北向南一帶 子山午 坐東南向西北一帶 午山子 辰山戌 坐東向西南一帶 卯山酉 艮山坤 乙山辛		
太陽 天梁 高埠			廉貞 天府 來龍或朝照之案
武曲 天相 孤高之象來龍	天同 巨門 不完足有殘破	貪狼 氣散	太陰 低窪或去水

坐西北向東南一帶。長門較旺。坐北向南一帶。長門次門人丁較旺。坐三門主弱。坐東向西一帶。出文人長門初旺。終絕。次門在外經營。三門平常。因貪狼氣散。太陰低窪之故。若坐西向東。亦出文藝之人。長門弱。次門三門較旺。紫微由巳至戌。由亥至辰。計十二宮。以天府爲配。成雙山二十四向。其他布齊吉凶星後變化用之。以無害於各支派爲要。如見不吉之處。宜速培補或撥調山向。可避禍而求福。

巽巳向　乾亥向
丙午向　壬子向
丁未向　癸丑向
坤申向　艮寅向
庚酉向　甲卯向
辛戌向　乙辰向

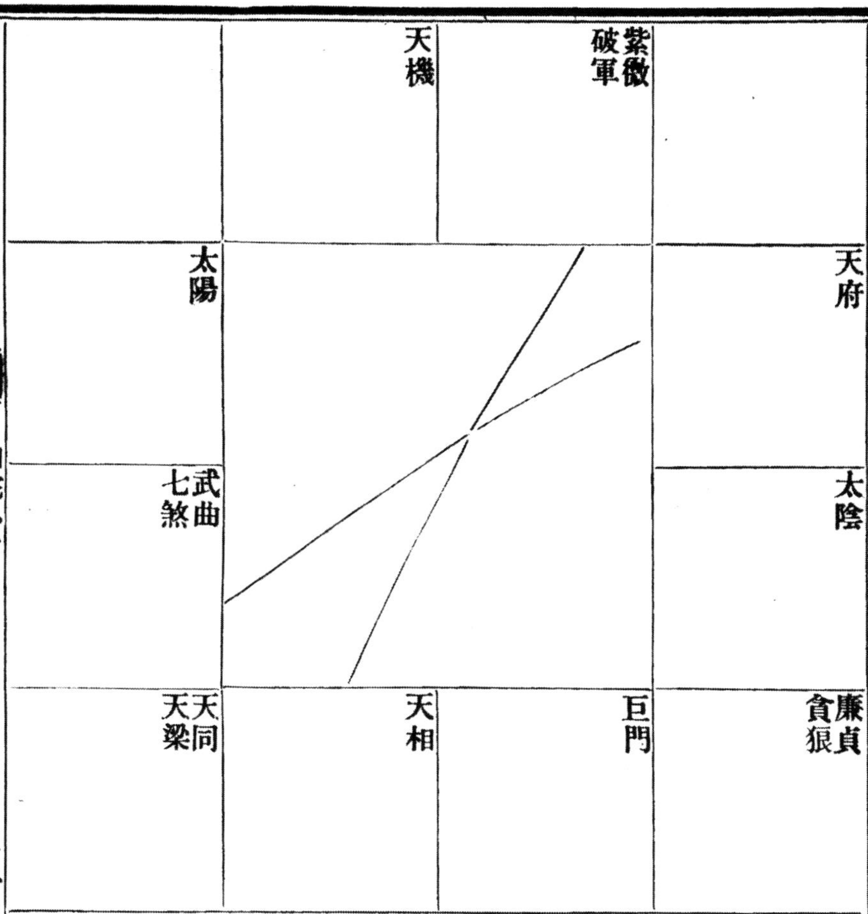

坐紫破一方主橫發。有巧得之事。二十年後必敗。

坐西向東。或坐東向西。

坐太陽向太陰。有外堂之水。惟本地之向方宜墊起。不使水由前方流下。主在外崢嶸。以紫府爲靑龍一派。若坐同梁。則孤弱飄泊矣。廉貪在巳亥。不宜坐向。各宮巨門亦不宜。

此六垣之盤。加以對宮。爲十二垣。本應畫成圓式。以便省目。因急於付印。供諸快睹。未及求全。達者諒之。其於陽宅。箇人應住之房屋。及出入之門戶。亦可用此參考。

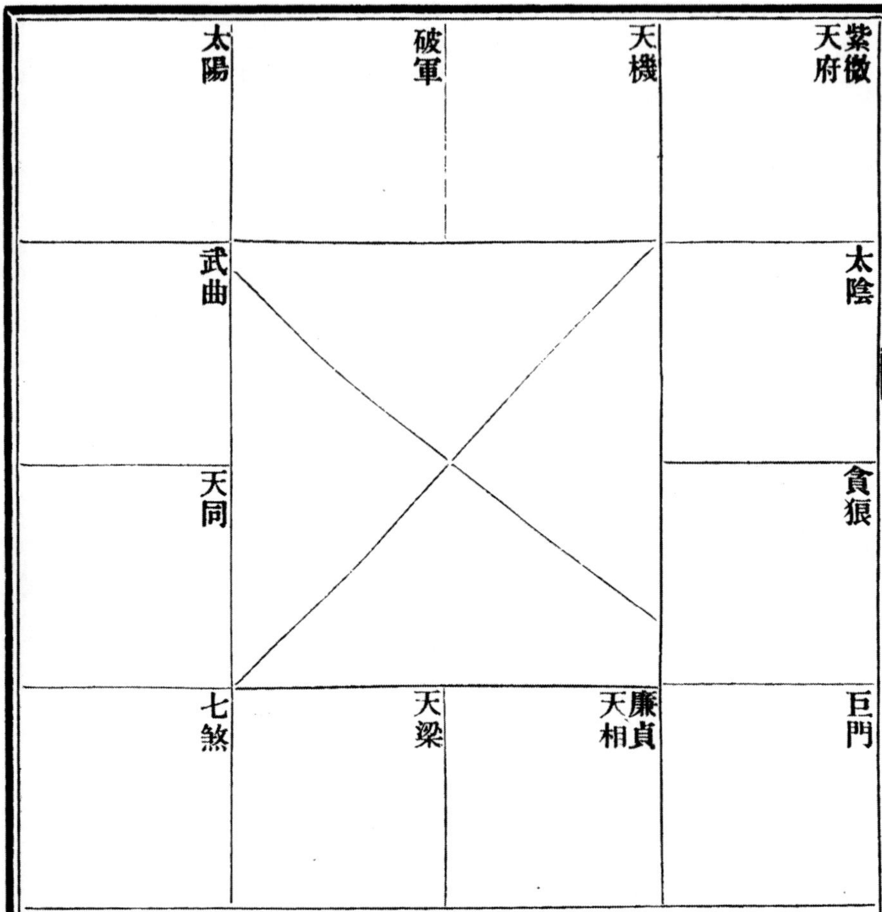

紫微天府七煞互相坐向。其次武貪互相坐向。當將武曲之左右聚土圍護。不然出孤寡之人。人丁必弱。武曲如孤高之山尖。見之宜避。或微錯。其次廉貞可坐可向。惟破軍不可坐向若破軍之外局。必須有相宜之高阜或朝照。如用之。可出武職權貴。其次商業領袖。文職不耐久。必須自己考査其意味。不專在筆墨上。或用命盤口傳手指。久則熟於胸中。一見可知其名。亦能不用命盤而自知或他人之兩宅。亦可不用命盤。若參合命盤。更爲的確無疑。

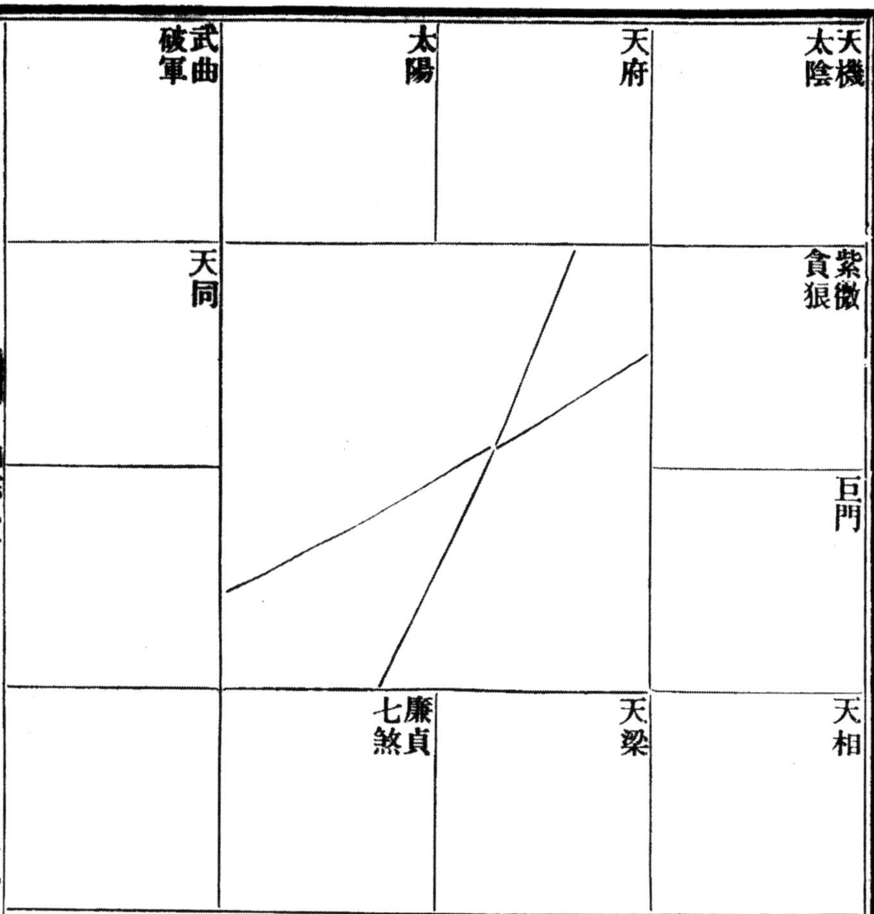

坐廉貞七煞向天府。用癸山丁向。或兼子午。或丑山未坐天府向廉貞七煞。亦可用之。坐天梁向太陽。不能多葬。因地小之故。若大地最好。其後無山。則後方外局。聚土培之。爲吉。東南武破爲青龍。坐太陽向天梁。亦可用之。惟天梁孤弱。若能前方外局。聚土培一龍崗。可爲朝案最妙。卯酉紫貪可坐可向。亦主在外崢嶸。

此種看法可以詳較命盤。便知何方之利。被何方之害。預知一切。並將來之變化。何支爲旺。何支爲弱。按箇人向口一看四圍。可知箇人得何方之利與害。

天同 水活土活不能坐向	武曲天府 高阜孤峯之意或見此等人家	太陽太陰 半陰半陽高低不一不整	貪狼 氣散
破軍 低窪氣散			天機巨門 有殘缺不足之點或豁口
			紫微天相 有朝案而弱不寧靜
廉貞 或見高阜樹柯坟墓		七煞 高阜	天梁 土活鬆解宜培土

坐子向午方一帶主出武職二三門旺長門弱或坐午向子方一帶長門較旺次門孤單三門衰微坐東南向西北一帶雖有朝案乃立於危殆不安之地位因紫微在戌之故主人在外飄泊或遠處倘屬可用復因破軍在辰之意辰宮紫微之案朝之亦如此理若撥調山向則又變化矣或坐貪狼向廉貞或坐東北方向西南一帶必須修理不完之處惟西南之方氣散之點宜培土聚氣亦難能之事飄蕩之向總不可用太陰太陽在丑未爲半陰半陽之地其地勢必半陰半陽有高有低凸凹不一坐凸坐凹各有得失必須運土補足缺欠及高起前方之案或分作兩塊窪下作外堂無論何方勿使跑水如跑水定主敗絕太陰在亥子坐向皆不宜不承祖業離祖破家對於父母多無情其天梁天同天相廉貪武破在亥亦不宜坐向

疾厄之判定

天地尙有未完足之部分、亦難常期調和、古今中外、以及萬國萬物萬事、不論何時、均有不完足之部分、亦難常期調和、此其至理、顯而易明、所以氣血成人後、必有一部分、或數部分、不完足者在焉、自不能常期調和、難免發生疾病、又有表裏之分、或因稟賦、或因遺傳、或因流年所染、追本求源、無非五行生尅制化使然、至於臨時之危險、與氣候、而發生疾病災厄、亦不能離此命盤之構成、凡五行太過與不及、皆主疾病、人生世間、疾厄一事、在所難免、是以斗數原書、專備疾厄一宮、爲人生命理之最關緊要者、於此可見疾病、乃吾人生平必不能無之事、世人不查、每每忽此、雖知有安命保身之道、而不能用、豈不惜哉、原書對於疾厄所載、未及詳論、若以星曜之陰陽、辨以五行之旺弱、頗見奇驗、如疾厄宮、是何星曜、與對宮各星相參、卽得要領矣、此係爲生平不動之疾厄、以參合身命、爲第一步、加以流年限運、爲第二步、有先天之疾病、卽原盤中之疾厄也、有後天之疾病、卽流年所遭遇也、分初年中年老年發生之疾厄、或爲終身之疾厄、又有嗜好與環境、及心性搆成之疾厄、無論如何造成、皆與身命有最切之關係、全在看命者詳查耳、至於所遭刑尅災厄、又當加以大小運限所遇凶煞論斷、

查原斗數書中、對於疾厄、專備一宮、可見疾厄、爲人之生命最關緊要者、雖標出諸星所屬、尙有未載、兼有混合、讀者若不得其義理、判斷無從着手、茲將各星曜所主之疾病、分而列之、以便參考、先由身命垣與三方推測、再看疾厄宮與對宮相合、按星論斷、每一位星曜、主一種疾病、或不至於大謬、此係自考驗得來、是否合於醫理、未敢斷其必然、只在精心求之可也、若能參合醫學、亦無不可、雖按星發明、亦難盡載、惟各病症之名目、當在慧心者研究考驗可也、際此時代、外相太多、或因經濟壓迫、或因事繁工作、勞心傷神、上火下寒、陰分虧損者爲夥、社會普通上、多有下晚至子丑時後、方得安眠、亦虧陰之一大原因、身體不獲健康、何能延壽、知之者固亦不少、然亦無能爲也、余申明此意、雖未能盡醫士之學、然亦養生之道云耳、

紫微爲陰土　主脾胃之疾、脾胃寒弱濕熱膨脹之類、或爲飱瀉嘔吐等症、　紫微爲北斗星、性質如龍、剛柔不濟、心地較小、耳軟心活、無所不好、性喜縱慾、不顧其他一切、難免有雜癆之處、原書內云、桃花犯主爲至淫、如貪狼咸池天姚同宮皆是、再遇廉貞尤烈、比如紫微守命垣、或守身垣、廉貞守身垣、或守命垣之類、

天機爲陰木　主肝胆之疾、肝旺性燥驚恐之類、或胸堵脇胳扎疼、陰分虧損、頭部刺激等症、肝旺日久、係枯乾之象、以至經血枯竭、因肝旺、延及肝病頭暈耳聾眼花齒落等症、

太陽爲陽火　主心火、大腸乾燥、肝旺性急、一切陽明之疾、或目赤朦翳頭昏風寒時令瘟疫、痔漏便血耳鳴及一切瘋症、濕熱皮膚各種下寒疾、急怒衝肝衝肺等類、

武曲爲陰金　主肺經咳嗽、肺癰肺結核、勞傷吐血、鼻衄鼻塞、酒迷音啞哮喘語蹇氣結等症、兼及肝旺脾胃大腸密結兩目昏迷不淸之類、

天同爲陽水　主肝旺動氣、膀胱水道之疾、氣分疾、寒熱風邪疝氣淋結溺血痔瘡

便血等症、或頭昏目赤胸膈腹疼水脹癱瘓之類、

廉貞爲陰火　主心火性急心燥、肝旺水虧失眠、暗疾難言、流行感冒風邪斑點痔瘡便血痰喘咯血手淫意淫經水不足、或枯竭、花柳等症、心性暗急、心血虧損、心氣不足之類、

天府爲陽土　主胃病、浮腫腿腳氣、濕熱下注、麻痺節風黃腫、口臭牙疳、舌瘡翻胃、脾胃寒弱、氣結臌脹中腕等症、見火性星曜爲熱、見水性星曜爲寒、

太陰爲陰水　主陰水虧損、上火下寒、腎冷精冷、霍亂陰痿、瀉痢疝氣、濕氣下注、小腸等症、或因脾胃濕熱肝旺、致成目疾、與諸般被水之害、腰痛下痿、三消糖尿水臌等症、

貪狼爲陽木　主肝胆之疾、肝旺胆虛、氣臌、頭昏肝風抽搐氣閉、牽連脾胃肺部下寒等症、氣衝肝、肝腫之意、發現驚恐、貪狼木之肝旺、係肝部腫脹之象、或外見白癬瘋、

巨門爲陰土　主脾胃不合由重鬱所致、濕熱太盛、氣血之疾、濕瘡癬瘡、皮膚刺癢、臟症胸膈目疾之類、肝旺脾濕牽及肺病枯瘦等症、

天相爲陽水　主膀胱水道、寒濕氣臟癥瘕瘧疾存水嘔吐、先天不足、後天虧損、氣血相混、淋濁糖尿、皮膚等症、

天梁爲陽土　主胃病兼及肺部肝旺性急、頭部沉昏、食後糟雜不消、反胃噎膈之類、與天府土參看、

七煞爲陰金　主肺病暴怒衝肺衝肝努傷磕傷殘疾脇肋癆疾、上行吐血下行便血大腸乾瀉不一、肝旺性急氣虛陰虧之類、

破軍爲陰水　主下寒上火陰虧遺精漏傷水皮濕腿疾及水瀉腹痛而脹或瘧疾與一切水症血水不調赤白帶下之類、

左輔爲陽土　主脾胃等症參看天府土、

右弼爲陰水　主陰分虧損先天不足上火下寒精神短欠性急心燥經水不足等

症、
文曲爲陰水　主上火下寒胆小性燥斑痣之類參看右弼水、
文昌爲陽金　主大腸之疾肺部咳嗽之類心性急燥肝旺脾弱三焦濕熱等症、
天魁爲陽火　主急燥暴怒肝氣陽明皮膚一切火症、
天鉞爲陰火　主暗急肝胆脾胃肺部濕痰等症、
地劫爲陽火　主目昏手足腿部之疾癥瘕氣結胃疼等症、
地空爲陰火　主上火下寒氣血腹瀉腿脚之疾、
火星爲陽火　主一切火症濕毒喑啞瘰癧瘍疽之類目疾痲面皮膚症男落妻宮主妻目疾女落夫宮主夫目疾、
鈴星爲陰火　主一切虛火頭部之疾、
化祿爲陰土　主脾胃之疾與祿存土參看、
化權爲陽木　主肝旺之疾與貪狼木參看、

化科爲陽水　主陰虛水虧膀胱等症與文曲水參看、

化忌爲陽水　主腎寒、陰虛精冷、淋濁遺漏、經血不調、赤白帶下、積聚痞塊、胸滿不暢之類、又因好多事、屬於氣分、氣臟水臟、肝旺性急、脾胃下濕、脚氣便血、痔瘡之疾、遇太陽則目疾陽明症、遇太陰則下寒白帶等症、

天殤爲陽火　主癆瘵腰腿疼痛目翳牙疼耳聾等症、

天使爲陰火　主勞碌遺漏神失之疾、

祿存爲陰土　主脾胃之疾肝旺心性急燥陰水虧損氣臟水臟大腸乾燥咳嗽勞傷等症因羊陀相夾故如是與紫微七參看、

擎羊爲陽金　主大腸之疾乾燥或腹瀉肺經病羊角瘋羊毛疔口眼歪斜及一切瘋症四肢氣閉四肢疼痛與氣迷痰迷氣分等症鐵石之傷蜂螫毛蟲之害等類、

陀羅爲陰金　主肺部疾吐血腰腿手足面部傷或濕氣白癬瘋與鐵石磚瓦傷筋骨疼痛脊骨突出之類、

天馬爲陽火　主肝旺心氣疾瘟疫流行下寒勞動滯瘡等症手足腿痛赤白帶下遺漏手淫之疾與太陽火參看、
紅鸞爲陰水　主上火下寒陰虛傷寒癆傷等症、
天喜爲陽水　主膀胱濕熱寒濕之類與頭部肺虛等症、
天姚爲陰水　主陰虛膀胱濕熱遺漏之類、
天刑爲陽火　主肝旺心急脾胃之疾肺熱咳嗽時令等症、
三台爲陽土　主脾胃疾陽明濕熱粉刺瘤贅等症、
八座爲陰土　主脾胃皮膚下部之疾、
龍池爲陽水　主下寒上火月疾腰腿之類與右弼參看、
鳳閣爲陽土　主脾胃疾陽明等症、
天才爲陰木　主肝氣疾之類與天機木參看、
天壽爲陽土　主脾胃等症與紫微土參看、

台輔爲陽土　主脾胃之症、
封誥爲陰土　主胸腹等症、
恩光爲陽火　主陽明火症、
天貴爲陽土　主脾胃等症、
天官爲陽土　主皮膚等症、
天福爲陽土　主脾胃下寒膀胱等症、
天空爲陽火　主頭部火症內部寒濕傷水之類、
天哭爲陽火　主肝旺脾濕癆瘵等症經血枯乾之疾、
天虛爲陰火　主虛火上炎心氣疾之類、
孤辰爲陽火　主急熱悶鬱等症、
寡宿爲陰火　主風火癆傷氣悶性燥下寒症、
刲煞爲陰火　主胸膈腹脹癥瘕手足等症、

華蓋爲陽木　主肝氣疾頭部風症之類、
桃花爲陰水　主雜癆吐血便血下寒上火脾胃寒濕目疾或酒色荒迷等症、
大耗爲陽火　主肝旺操勞心氣疾癲癇之類兩目赤翳暗啞耳聾等症、
破碎爲陰火　主心氣疾肝旺脾胃下寒肺部之症、
以上共六十位星曜、按原書爲六十三位、其實六十四位、旬中空亡、爲一空一亡、劫路空亡、有正旁之分、因原書兩種空亡、以生人之年陰陽天干爲准、遇陰干正刼定在陰宮、遇陽干正刼定在陽宮、旬空亦如之、蓋空者不實之意、亡者無也、正刦者正在刦制之內、旁刼者較輕也、其他尙有一絕命星未載、當在言外、絕命一見、定主壽終、限運不扶、卽絕命星見也、絕命星卽流年凶煞、衝破命身運限、卽告氣絕、故謂之絕命星、
旬中空亡火　主因猶豫而操心奔波、心氣等症、
劫路空亡火　主奔馳、肝旺肺部之疾。及悶鬱不舒、一切急熱、或寒濕氣結雜癆等

症、

其他生年太歲十二元神均主有疾厄再按流年太歲天干地支以次論斷、

星曜之形相

古語云。天圓地方。係取陰陽之理。而定其形勢。男子屬於陽爲圓。女子屬諸陰爲方。天地相合。而萬物生。男女相合。始能成人。所以人字兩畫。一陰一陽。若有一筆。則不能稱之曰人矣。卽爲孤陰不生。孤陽不長之說也。男女面部有方形。有圓形。或圓長形。或方長形。均由此方圓二形勢。定其美惡。辨其區別。所以星曜亦有方圓各形勢之分。以星曜之形勢。而定出吾人之形勢。復以吾人之形勢再合星曜之形勢。既有此形勢。便易於捉摸。一見其人。卽可知屬於何星曜。以之斷事。更進一層。比如男女婚配。或戀愛。若形勢不合。自難長久。失戀割愛。離婚棄養。勢所必然。吾人既秉天地而生。故男子陽爲圓長形。女子陰爲方長形。男女一切接近。何嘗不是由此兩形勢而生育。爲人世間萬物萬事。亦莫不由此兩形勢而用行舍藏。若同一形勢。或孤獨。

或不久。生死別離。在所難免。必須方與圓。圓與方相匹配。始得其眞切。所以男女接近。謂之方圓兩箇形勢的戀愛。亦無不可。若圓與圓配。卽天配天也。方與方配。卽地配地也。自難相宜相投。或孤獨一生。

查原斗數書中。對於身命不分之點甚多。按命垣爲無形。身垣爲有形。若謂人之形勢當由身垣諸星。與對宮詳較。是何星曜。附帶何星。卽能定出一種面部形勢。身軀高矮肥瘦。父母宮又稱相貌宮。亦可叅看。究不及身垣之靈活。

比如官祿宮爲紫府。紫微爲圓長臉。天府爲方長臉。若是圓方臉。必紫府相兼。或有附屬之星。或對方之七煞。惟七煞頭面等部有刑傷。或對方之附屬星曜。其他各家。皆以此推測。按星斷之諺云、有心無相。相逐心生。有相無心。相隨心滅。此言以心相爲上。無如心不能見。若以星曜考之。當見其心矣。其心形善惡自難藏匿。較麻衣道者。尤能神速。有不可思議之妙。

按原斗數書內對於面部形勢雖有形性賦。及其他兼有一二。亦多混合。玆將各星所主。人之面部形勢色相大概。開列於後。至於心性善惡。只在有心人叅考研究耳。有兼二星或三星者。惟面部形勢色相。有少年中年老年之別。比如紫微在少年時。黃白色。老年變爲紅黃色。或紅色。况在十二宮中。各有不同。又有兼屬他星之意。或因宿疾纏綿。氣色漸改。頓改。亦必有之理。惟在詳查耳。習之既久。自能入妙。

面部形式分爲八種

圓臉　方臉　圓長臉　方長臉

圓方臉。因兩顴略高略札。略圓圓多爲圓方臉。

方圓臉。因兩顋。或兩顴略圓。天庭地閣較方。方多爲方圓臉。

上圓下方。因天庭兩鬢左右略圓。

上方下圓。因地閣兩顋左右略圓。

紫微　黃白色。老年紅黃色或赤色。圓瘦長臉。主中高身軀。

天機　青白色。老年青黃色。圓瘦長臉。有長圓臉。胖瘦不一。主中高身軀。

太陽　紅白色。紅黃色。赤色。圓臉。主胖。或圓長臉。身軀中矮。

武曲　青白色。青黑色。青黃色。圓瘦長臉。高中不一。

天同　黃白色。方臉。主胖。方長臉微圓。或方臉。高中不一。

廉貞　黃色。紅黃色。圓瘦長臉。高扎顴。或麻面。高中不一。好說。

天府　黃白色。方臉。方長臉。有微圓之扁方臉。主中高。

太陰　青白色。青黑色。青黃色不一。圓臉。圓長臉微方。扁圓臉。

貪狼　青白色。或青黃色。圓長臉。扁圓臉。胖瘦不一。中高身軀。

巨門　青黃色。青黑色。方長臉。主瘦主孤寒。中矮破面。

天相　青黃色。黃白色。方臉。或微圓。主胖中高身材。

天梁　黃白色。方長臉。胖與微胖。有瘦小主孤高。身軀中矮。

七煞　紅黃色。或青白色。方長臉。或方臉。胖瘦不一。主有傷或微麻。

破軍　青白色。青黃色。圓長臉。胖瘦不一。主破面。或麻面中高不一。

左輔　黃白色。圓長臉。主瘦。身軀中高。

右弼　青黑色。青白色。小圓長臉。或小方長。主瘦。矮中身材。有痣。或斑點。

文曲　青黃色。青黑色。圓長臉。主痣。中矮身軀。多痣孤寒。

文昌　黃白色。圓方臉。主胖。主中高。

地劫　青黃色。青黑色。圓方臉。天庭不滿。地閣不足。主胖主矮。或枯瘦。

地空　青黑色。青黃色。圓方臉。地閣小。天庭小。主胖主矮。或枯瘦。

天殤　青黃色。紅黃色。方圓臉。胖瘦不一。中等身軀。

天使　青黃色。圓長臉。身軀微高。

天魁　青黃色。圓臉。地閣小。身軀較矮。微瘦。

天鉞　紅黃色。方臉。或方長臉。微胖。

祿存　黃白色。圓長臉。或圓臉。微高。主瘦。或有微麻。殘傷孤形。

擎羊　紅白色。或青白色。圓長臉。身軀主高。胖瘦不一。有殘傷。或麻面。

陀羅　青白色。圓長臉。或圓方身軀高矮不一。不瘦。有殘傷。或牙齒不齊。

火星　紅黃色。長圓臉。身軀中等。或矮。主瘦。或有麻。有殘傷。

鈴星　青黃色。圓長臉。或方長臉。主矮。主瘦。有殘傷。或微麻。

天馬　青黃色。青白色。方長臉。中等身材。不瘦。

紅鸞　紅白色。紅黃色。方長臉。或方圓臉。中矮微胖。

天喜　黃白色。方長臉。中高身材。胖瘦不一。

天姚　紅黃色。圓方臉。中矮微胖。

天刑　紅黃色。或紅色。或紅白色。中高不一。主胖。亦有瘦形。

三台　黃白色。中矮身材。圓長臉。

八座　黃白色。中矮身材。方長臉。

龍池　黃白色。中矮身材。方長臉。

鳳閣　黃白色。中矮身材。方長臉。

天才　青黃色。中高。圓長臉。

天壽　黃白色。中高身材。圓長臉。或方臉。

台輔　黃白色。方長臉。中矮身軀。微胖。

封誥　黃白色。方長臉。中等身材。微胖。

恩光　青白色。紅白色。圓長臉。中材。

天貴　黃白色。方長臉。中高材。

天官　黃白色。方圓臉。中材。

天福　黃白色。方臉。或方圓臉。中矮身軀。主胖。

天空　紅黃色。方圓臉。高材。天庭不滿。

天哭　紅黃色。圓長臉。中高材。孤瘦形。

天虛　青黃色。圓長臉。中材。

孤辰　黃白色。小圓長臉。中矮。孤瘦形。

寡宿　紅黃色。方圓臉。中材。微胖。

刦煞　青黑色。青黃色。中矮微瘦。有胖圓臉。天庭地閣不足。

華蓋　青黃色。中高材。微胖圓長臉。

桃花　紅白色。紅黃色。中矮身材微胖。圓方尖下頦。有痣。或見麻面斑點。

大耗　青黑色。中等身材。圓方臉。

破碎　青黃色。中矮。方長臉。孤寒形。

將來第三集。有命盤之相面及手相法。與看面相手相之陰陽兩宅法。其他尚多。現著手編輯。容日出版。

占課之說明

占卜一道、相傳種類不一、外洋亦有多種、占卜之術、不過各據一法、以決吉凶、窮神達化、無妙不入、此法係由心理學推測而問世、仍用原斗數之星曜、分布於十二垣、無論何事、均可占之、至於關乎十二宮與十二月月令、及陰陽兩宅之吉凶、與夫四

鄰之禍福、皆可考查、頗有奇驗、請試一占、以觀其效、

占課是心誠則靈、如問吉凶禍福、則以本年本月本日爲體、再以十二時爲用、卽請占課者取得某時、便定出全盤星曜、再由安斗君法定出正月、按月斷事、日時亦以此推求、比如以該月爲占課者之本位、對宮卽是對方、再次推日、日爲本位、對宮卽是對方、時亦如之、會合三方、加以流年太歲博士二十四神煞、無論何事、均可以理斷之、如占陰陽兩宅氣運之好壞、再加生人之歲數、便知一切、其他之占亦可用之、或用較寬之法、以本年本月爲體、以日時如用、以取得某日、再得某時、卽以某時推至何宮、便以該宮爲主、仍用原斗君法、定出正月、以次推斷、取日時法、用兩箇字亦可、比如天性二字、天是四畫、作初四日看、性字是八畫、作未時看、加以本年本月、成爲一占、取日如過三十一畫、則減去三十畫、下餘一畫、作爲初一日、取時如過十三畫、則減去十二畫、下餘一畫、卽是子時、倘三字之占、可將上一字作日用、下二箇字筆畫合併爲一、作時用、如遇四字、可得上兩箇字作日用、下兩箇字作時用、務以靈

活爲妙、

一占不只問一事、如十二箇月月令、與全盤十二宮、以內以外、及八方之優劣、皆可以義理度之、自得至妙、攻陣破敵之法、須於斯道求之可也、

夢寐之事、除按命盤詳查外、亦可占卜、必表而出之、是吉是凶、并可用此卜法是何意思、以決其疑、

占課之決疑

占課法。既爲上述。至於判斷。則以原斗數書中所載。均可借來作判。引申其說。亦在自己考驗。與論時之活動。辨別理由。或吉或凶。亦恃乎精神上作用。如遇羊陀火鈴四煞之一。與刦路空凶大耗等等不吉之星。所問之事。多波折。有衝破。或難成就。比如遇詞訟之事。在開審日時。占得好星曜。必見順利。法官亦能深信其理由。若無好星曜。法官一見。便怒形於色。雖有十分理由。必要別生枝節。糾紛轉柁。其他占事。莫不皆然。

占課之命盤　四三

紫微 七殺 天馬 天姚 八座 天虛 科 兄弟	右弼 天才 天壽 台輔 身命垣 流年文昌	天哭 華蓋 父母 斗君	左輔 天鉞 天福 刦殺 福德
天機 天梁 文曲 擎羊 紅鸞 天貴 天官 祿 權 大耗 妻妾	乙亥五月十四日子時 占者問坟塋現在如何取得說話二字說字十四畫話字十三畫卽以十四日子時看 乙亥 壬午 辛酉 戊子 木三局		廉貞 破軍 火星 三台 破碎 田宅
天相 祿存 龍池 博士 子女			文昌 鈴星 天喜 恩光 寡宿 官祿
太陽 巨門 陀羅 封誥 孤辰 財帛	武曲 貪狼 天殤 天刑 疾危	天同 太陰 天魁 天空 咸池 忌 遷移 十四日子時	天府 地刦 地空 天使 鳳閣 太歲 奴僕 五月

右問坟塋。係癸山丁向。占得右弼守身命垣。地勢較窄。向口亦少。西北天府之來龍。因地刦地空天使。主道途坎坷。洩氣不安。東南紫微七煞。青龍上一帶見旺。男丁不弱。女眷多剋。田宅廉貞破軍火星破碎。主全塋複雜。亦主剋右方。查本年流羊大耗紅鸞入妻妾宮。主刑剋內眷。因田宅宮有火星三煞。故不吉。

天梁 天殤 火星 天馬 天姚 天貴 天虛 權 疾危	七殺 右弼 鈴星 流羊 文昌 財帛 路	地劫 恩光 天哭 華蓋 子女 五月 封	廉貞 左輔 天鉞 天福 封殺 妻妾 亡
紫微 天相 擎羊 紅鸞 天官 大耗 科 遷移	乙亥五月十九日申時 占者問所住房屋現在如何取得 十九日申時	乙亥 壬午 丙寅 丙申 土五局	天才 破碎 三煞 兄弟 申時 空
天機 巨門 地空 天使 祿存 龍池 祿 博士 奴僕 斗君			破軍 天喜 封誥 寡宿 命垣
貪狼 文昌 陀羅 三台 台輔 孤辰 官祿 身垣	太陽 太陰 天刑 天壽 忌 田宅 十九日	武曲 天府 文曲 天魁 八座 天空 咸池 福德	天同 鳳閣 太歲 父母

此占問房屋。查其命破軍。已成破耗之象。又有寡宿。對方羊刃大耗。主變動不寧。其身貪狼氣韻已散。又有孤辰。陀羅屬於傷殘分離之象。恐難久住。已主衝動田宅化忌。不以順利論。日月主猶豫之象。天刑主刑剋。按時看。對方巨門官符。是非口舌。現在不利主財祿如何。午方財宮本佳。因封難取以巳方之財論。是財來財去。有比肩分奪之象。並因卯方雙祿。本主財。爲巨門地空所破。總以見財論。問月令如何。八九十月有爲。正二三五月不順。

占課之命盤

天梁 天馬 天虛 三台 權 財帛 子時 初七日	七煞 台輔 流年子女 文昌 路	天哭 華蓋 夫主 刦	廉貞 天鉞 天姚 天才 天壽 天福 刦煞 兄弟 亡
紫微 天相 文曲 天使 擎羊 紅鸞 天刑 科 天官 大耗 疾危 斗君	乙亥 甲申 癸未 壬子 日元 時 水二局 按子平法亦可占課	乙亥八月初七日子時 占者問婦人之病取得 作新二字作字七畫卽爲初七日新字十三畫卽爲子時以年月爲體以日時爲用	火星 八座 破碎 天貴 命垣 身 空
天機 巨門 右弼 祿存 龍池 恩光 祿 命主 身主 遷移			破軍 文昌 鈴星 天喜 寡宿 父母
貪狼 天殤 陀羅 封誥 孤辰 奴僕	太陽 太陰 忌 官祿	武曲 天府 天魁 天空 咸池 田宅	天同 左輔 地刦 地空 鳳閣 太歲 福德 八月

考此占月日時。均被太歲衝動。又遇天梁天馬。飄泊驛馬之鄉。難以鎮攝。身命垣在酉。火星守之。又爲火星衝破。本年三煞臨於酉方。雖洩火之氣。又遇金空。火見空益烈。身命俱被火焚。疾厄宮紫微主脾胃疾天相水分疾。

擎羊肝旺大腸乾燥。天刑大耗之火最盛。誠恐入於雜癆火焚之症。緊防八九月。夫主宮天哭白虎。對宮喪門太陰化忌。太陽亦不利。田宅見桃花煞。遷移羊陀相夾。非祥。

天相 天馬 天虛 財帛	天梁 台輔 天貴 子女 流年文昌 路	廉貞 七煞 華蓋 天哭 刦 妻妾	天姚 天鉞 天才 天壽 天福 刦殺 兄弟 亡
巨門 文曲 擎羊 紅鸞 天刑 天官 大耗 疾厄 斗君	乙亥 甲申 庚辰 丙子 水二局	乙亥八月初四日子時 占者問事取得 以義二字以字占者本人按四畫義 字十三畫卽作初四日子時看	火星 破碎 命垣 身 空
紫微 貪狼 右弼 祿存 龍池 博士 遷移			天同 文昌 鈴星 天喜 寡宿 父母
天機 太陰 陀羅 封誥 孤辰 奴僕 初四日子時	天府 官祿	太陽 天魁 恩光 天空 咸池 田宅	武曲 破軍 左輔 地刦 地空 太歲 太歲 福德 八月

身命被火星所衝。正局已破。不能成就。美有對方紫貪化科祿存。常有其他之轉機。日時爲本人之所占。落於寅方爲機月化忌。主本人有爭持。往返勞動。好在紫府貴人相夾。幷對方天鉞定有高人扶持。尚可調解。因紫微化科。主書面之幇助。此事必須耗財。因田宅之咸池。財帛宮之天相天馬之意。

附子平新理解（可預測妻妾子女）

觀流傳命理各書。對於六親推斷。固屬確驗。其他未能言及者尙有之。按人生後。八字旣定。皆以年觀祖基。月觀父母兄弟。日枝爲妻妾。時支爲子女。又以年爲父。胎爲母。月爲兄弟之類。與八字互相照應。頗著奇驗。然若以年觀祖基。究爲何祖。曾祖高祖以上。均難指定。月觀父母兄弟。以一幹枝。定出四種。尤爲混合。日元以天幹爲本身。以地枝爲妻妾。日元之幹枝。爲我之日元幹枝。何可分與妻妾。而我之秉賦。能存於天地間者。恃此幹枝運用。若僅以地枝爲妻妾。究竟何妻爲助。何妻爲敗。何妻永壽。何妻夭亡。或團聚。及離異。與妾之賢愚。來去之次序。均難指實。時上幹枝。爲子女。而何子女主貴。何子女主賤。何子女消財。何子女爭榮。及心性好惡。與何子女存亡出繼流落之類。皆不能分晰。是以深思醉醒子象篇所云。鈎玄索隱。發表歸根。向實尋虛。從無取有。余意欲發未明之理。非徒固己見爲定議。玆就管見所及。而推廣四柱之關繫。願與同好諸君子研究之。作爲子平新理解。亦不敢斷其必然也。按提綱既能推行運之順逆。而此理或亦有之。當此文明進化時代。萬勿以不合古人而棄之。則幸甚矣。說明列次。

由年上幹枝。逆推幹枝。作祖父一代看。再推作曾祖一代看。再推則高祖。依次而推。可知以上若干代。

由年上幹枝。順推幹枝。作父母一代之兄弟姊妹看。每一幹枝佔一位。

由月上幹枝。順推幹枝。作自身兄弟姊妹看。每一幹枝佔一位。

由日上幹枝。順推幹枝。作妻妾看。每一幹枝佔一位。

由時上幹枝。順推幹枝。作子女看。每一幹枝佔一位。

以上皆以日元爲主。仍照原各命理書之講解。與名詞論斷之。如對於財官印煞及各喜忌。並諸命理書所載之論說。亦可多選擇有驗者引用之。以便斷事較寬。考驗既廣。其得愈深。

如某人八字。爲癸卯壬戌辛未庚寅。元配離巽。並無第二妻。

年　癸卯

月　壬戌

日元　辛未　元配　壬申　離巽

次妻　癸酉　祿堂　戌酉穿

三妻　甲戌　換旬　羊刃　無

四妻　乙亥　無

時　庚寅

如某人八字。爲壬辰癸卯癸卯戊午。得有一妻二妾。

年　壬辰

月　癸卯　胞弟　甲辰　一生勞苦續娶妻室

日元　癸卯　元配　甲辰　一生勞苦有子夭亡現有一子

妾　乙巳　貴人非理成婚無所出

妾　丙午　出身秦樓無所出

時　戊午

王有珍先生。生於咸豐三年正月十六日寅時。甲戌年八月十七日子時壽終。享年八十有二歲。

年　癸丑

月　甲寅

日元　辛酉

時　庚寅

壬戌　元配早故　酉戌穿　羊刃

癸亥　續室　沐浴

辛卯　未及月　比肩　卯酉衝　難存

女　壬辰　辰與酉合

男　癸巳　生十二日夭亡

男　甲午　得力　貴人

女　乙未　操勞

劉彩軒八字。辛巳五十五歲五月十四日戌時生。五歲剋父。生母八十三歲。壽終。

年　辛巳

月　甲午

日元　乙亥

時　丙戌

丙子　元配故咸池

丁丑　續室

女　丁亥　亡　比肩

男　戊子　亡　咸池

男　己丑　亡　以上均元配生

男　庚寅　在

男　辛卯　在

男　壬辰　在

女　癸巳　在　以上均續室生

如某人八字。壬午五十四歲正月初三日卯時生。

年　壬午

月　壬寅

日元　庚寅

辛卯　咸池故

壬辰　非理成婚因妻財致富於八年前生離

癸巳　非理成婚　長生　寅巳相刑頗切

時　己卯

何小圃先生。生於同治元年二月二十六日戌時生。享年七十三歲。甲戌冬季壽終。

年　壬戌

月　癸卯

日元 己卯

時 甲戌

男 乙亥 故 半合 乙木尅日元

男 丙子 故 貴人 子卯刑

男 丁丑 在

男 戊寅 故 寅木尅

男 己卯 故 與日元爲比

男 庚辰 在 相穿

辛己 驛馬 旺 無

汪太沖先生八字

年 庚子 以年上庚子爲父母。庚見庚爲比肩。故尅父庚子之上逆推。爲己亥正

月 己丑 印文昌其祖父成丙戌科進士。時上又遇丁亥正官文昌子嗣當然博

日元 庚戌 學鴻才。有官能守光宗耀祖。可爲預賀。按丁亥順推是戊子。偏印食神

時　丁亥　爲女。己丑正印爲男。生扶庚金日元。又爲貴人。時上之美。當屬此貴子也。再推則庚寅與日元爲比。見空亡。有亦難存。辛卯刦財。卯與戌合。必屬女星。又爲戌之咸池。或因此邀合之故。而至虛花。其次壬辰與日元戌字作衝。有亦難立。日元庚戌。順推爲辛亥。定主內助賢明。而心性孤高。不過微有尅制耳。日元庚金。長生在巳。衝動亥方文昌。故尙文藝。日元戌字與卯方咸池作合。故孤癖刑尅。亦道學風流之一。似此看法。參合喜忌較妥。暫試於此。以俟請教。

郝馨圃先生。甲申五十二歲八月初七日子時生。現行戊寅運。丁丑運大展。癸酉年患癱症。

年　甲申　空亡

月　癸酉

日元　戊寅　元配己卯　沐浴　刦才　正官　衝提

咸池　一目失明　見刑傷反剋夫

時 壬子 刦路

男 癸丑 貴人 刦路

女 甲寅 比肩長生 臨官

男 乙卯 沐浴 咸池

男 丙辰 偏印 比肩 目疾

男 丁巳 祿堂 與寅相刑

戊午 無

衍法寺瑞光和尚八字。爲戊寅甲寅戊午丁巳。再推卽戊午。與日元作比。又見午爲羊刃有衝。故一生并未收徒。曾在病危之際。只傳法徒體朗和尚一人而已。

朱謙甫先生八字。爲乙亥丙戌己巳庚午。由此時再推。卽辛未壬申。生平得有一男一女。蓋日元巳與申合。而復刑。巳字爲偏才之故。申字爲巳字貴人。落於刦空。不得力。

如某僧人五十四歲。五月二十四日未時生。八字爲壬午丁未己酉辛未。得有二女一男。壬申長女夭亡。癸酉之男尚在。今春復得一女。爲甲戌。

張作霖元帥。光緒元年二月十二日巳時生。相傳第五姨太太獨擅專寵。按此法考之。似有至理。何第五姨太太同時遇禍。並可推測。

年 乙亥

月 己卯

日元 庚辰

元配	辛巳	長生	
二	壬午	沐浴	
三	癸未	冠帶	刦路
四	甲申	祿堂	合辰
五	乙酉	旺咸池乙庚合辰酉合 羊刃提衝	
六	丙戌	辰戌衝	

時辛己
顧維鈞總長。相傳生平多艷福。按此法考之。亦有趣味。
年丁亥
月癸丑
日元己亥　元配　庚子　咸池　貴人
二　辛丑　飛刃
三　壬寅　合
四　癸卯　半合
五　甲辰
六　乙巳
七　丙午
時戊辰

某男命。光緒十七年十一月初六日未時生。

年　辛卯

月　己亥　空亡

日元　丙寅

時　乙未

男　丙申　亡　文昌聰明文學

男　丁酉　在　奔馳　不得力　貴人

男　戊戌　出繼　不得力

男　己亥　在　遠處　空亡　貴人

男　庚子　亡　書畫文藝哲學可觀

女　辛丑　在　丙辛化女

壬寅　無　比肩

陳叔良先生壬寅三十四歲十二月二十七日卯時生燕侶四人陳公居三次門已

故

壬寅
癸丑　一、甲寅
二　乙卯　故
三　丙辰　本身
四　丁巳

日元癸丑
乙卯

王懸林律師光緒十七年七月十五日生兩歲尅父三歲尅母

辛卯　壬辰
癸巳
丙申

日元
丁丑　元配　戊寅

丁未

張性存先生辛亥二十五歲九月二十七日未時生聲稱大哥隔山已故二三哥尚在父已故去十六年生母健在有姊一妹一妻被尅有殘病

辛亥　壬子

癸丑

己亥

日元
辛酉　元配　壬戌　有殘病　相穿

癸亥

甲子

乙未

王有珍之夫人同治二年癸亥十二月十六日寅時生為續室

癸亥

乙丑

日元 戊子　　己丑　爲夫之先妻

夫　庚寅　此爲正夫主

甲寅　　乙卯　小月

女　丙辰　在

男　丁巳　十二月夭亡

男　戊午　在　先破財產後有扶助現依生活

女　己未　在

戊午之男卽王有珍先生時下甲午之男得力

吳興武先生八字

辛丑

己亥

日元 丙申 文昌 元配 丁酉 貴人 咸池 故

戊戌

己亥 刑

庚子 故

辛丑 合

時 甲午

紫微斗數宣微全部一冊　定價國幣貳圓

著作者　觀雲居士

代售處　天華印書館
北平東城山老胡同一號

中華民國乙亥歲七月增訂再版

占筮類			
1	擲地金聲搜精秘訣	心一堂編	沈氏研易樓藏稀見易占秘鈔本
2	卜易拆字秘傳百日通	心一堂編	
3	易占陽宅六十四卦秘斷	心一堂編	火珠林占陽宅風水秘鈔本
星命類			
4	斗數宣微	【民國】王裁珊	民初最重要斗數著述之一；未刪改本
5	斗數觀測錄	【民國】王裁珊	失傳民初斗數重要著作
6	《地星會源》《斗數綱要》合刊	心一堂編	失傳的第三種飛星斗數
7	《斗數秘鈔》《紫微斗數之捷徑》合刊	心一堂編	珍稀「紫微斗數」舊鈔秘本
8	斗數演例	心一堂編	
9	紫微斗數全書（清初刻原本）	題【宋】陳希夷	斗數全書本來面目；有別於錯誤極多的坊本
10-12	鐵板神數（清刻足本）——附秘鈔密碼表	題【宋】邵雍	無錯漏原版 秘鈔密碼表 首次公開！
13-15	蠢子數纏度	題【宋】邵雍	蠢子數連密碼表 打破數百年秘傳 首次公開！
16-19	皇極數	題【宋】邵雍	清鈔孤本附起例及完整密碼表 研究神數必讀！
20-21	邵夫子先天神數	題【宋】邵雍	附手鈔密碼表 研究神數必讀！
22	八刻分經定數（密碼表）	題【宋】邵雍	皇極數另一版本；附手鈔密碼表
23	新命理探原	【民國】袁樹珊	子平命理必讀教科書！
24-25	袁氏命譜	【民國】袁樹珊	
26	韋氏命學講義	【民國】韋千里	民初二大命理家南袁北韋
27	千里命稿	【民國】韋千里	
28	精選命理約言	【民國】韋千里	北韋之命理經典
29	滴天髓闡微——附李雨田命理初學捷徑	【民國】袁樹珊、李雨田	命理經典未刪改足本
30	段氏白話命學綱要	【民國】段方	民初命理經典最淺白易懂
31	命理用神精華	【民國】王心田	學命理者之寶鏡

32	命學採驪集	【民國】張巢雲	發前人所未發 稀見民初子平命理著作
33	澹園命談	【民國】高澹園	
34	算命一讀通——鴻福齊天	【民國】不空居士、覺先居士合纂	
35	子平玄理	【民國】施惕君	
36	星命風水秘傳百日通	心一堂編	
37	命理大四字金前定	題【晉】鬼谷子王詡	源自元代算命術
38	命理斷語義理源深	心一堂編	稀見清代批命斷語及活套
39－40	文武星案	【明】陸位	失傳四百年《張果星宗》姊妹篇 千多星盤命例 研究命學必備
相術類			
41	新相人學講義	【民國】楊叔和	失傳民初白話文相術書
42	手相學淺說	【民國】黃龍	民初中西結合手相學經典
43	大清相法	心一堂編	重現失傳經典相書
44	相法易知	心一堂編	
45	相法秘傳百日通	心一堂編	
堪輿類			
46	靈城精義箋	【清】沈竹礽	沈氏玄空遺珍 玄空風水必讀
47	地理辨正抉要	【清】沈竹礽	
48	《玄空古義四種通釋》《地理疑義答問》合刊	沈瓞民	
49	《沈氏玄空吹虀室雜存》《玄空捷訣》合刊	【民國】申聽禪	
50	漢鏡齋堪輿小識	【民國】查國珍、沈瓞民	
51	堪輿一覽	【清】孫竹田	失傳已久的無常派玄空經典
52	章仲山挨星秘訣（修定版）	【清】章仲山	章仲山無常派玄空珍秘 門內秘本首次公開
53	臨穴指南	【清】章仲山	
54	章仲山宅案附無常派玄空秘要	心一堂編	沈竹礽等大師尋覓一生未得之珍本！
55	地理辨正補	【清】朱小鶴	玄空六派蘇州派代表作
56	陽宅覺元氏新書	【清】元祝垚	簡易・有效・神驗之玄空陽宅法
57	地學鐵骨秘 附 吳師青藏命理大易數	【民國】吳師青	釋玄空廣東派地學之秘
58－61	四秘全書十二種（清刻原本）	【清】尹一勺	玄空湘楚派經典本來面目 有別於錯誤極多的坊本

62	地理辨正補註　附　元空秘旨　天元五歌　玄空精髓　心法秘訣等數種合刊	【民國】胡仲言	貫通易理、巒頭、三元、三合、天星、中醫
63	地理辨正自解	【清】李思白	公開玄空家「分率尺、工部尺、量天尺」之秘
64	許氏地理辨正釋義	【民國】許錦灝	民國易學名家黃元炳力薦
65	地理辨正天玉經內傳要訣圖解	【清】程懷榮	秘訣一語道破，圖文并茂
66	謝氏地理書	【民國】謝復	玄空體用兼備、深入淺出
67	論山水元運易理斷驗、三元氣運說附紫白訣等五種合刊	【宋】吳景鸞等	失傳古本《玄空秘旨》《紫白訣》
68	星卦奧義圖訣	【清】施安仁	
69	三元地學秘傳	【清】何文源	三元玄空門內秘笈　清鈔孤本 過去均為必須守秘不能公開秘密 與今天流行飛星法不同
70	三元玄空挨星四十八局圖說	心一堂編	
71	三元挨星秘訣仙傳	心一堂編	
72	三元地理正傳	心一堂編	
73	三元天心正運	心一堂編	
74	元空紫白陽宅秘旨	心一堂編	
75	玄空挨星秘圖　附　堪輿指迷	心一堂編	
76	姚氏地理辨正圖說　附　地理九星并挨星真訣全圖　秘傳河圖精義等數種合刊	【清】姚文田等	
77	元空法鑑批點本——附　法鑑口授訣要、秘傳玄空三鑑奧義匯鈔　合刊	【清】曾懷玉等	蓮池心法　玄空六法 門內秘鈔本首次公開
78	元空法鑑心法	【清】曾懷玉等	
79	曾懷玉增批蔣徒傳天玉經補註【新修訂版原（彩）色本】	【清】項木林、曾懷玉	
80	地理學新義	【民國】俞仁宇撰	
81	地理辨正揭隱（足本）　附連城派秘鈔口訣	【民國】王邈達	揭開連城派風水之秘
82	趙連城傳地理秘訣附雪庵和尚字字金	【明】趙連城	
83	趙連城秘傳楊公地理真訣	【明】趙連城	
84	地理法門全書	仗溪子、芝罘子	巒頭風水，內容簡核、深入淺出
85	地理方外別傳	【清】熙齋上人	巒頭形勢、「望氣」「鑑神」
86	地理輯要	【清】余鵬	集地理經典之精要
87	地理秘珍	【清】錫九氏	巒頭、三合天星，圖文並茂
88	《羅經舉要》附《附三合天機秘訣》	【清】賈長吉	清鈔孤本羅經、三合訣法圖解
89－90	嚴陵張九儀增釋地理琢玉斧巒	【清】張九儀	清初三合風水名家張九儀經典清刻原本！

91	地學形勢摘要	心一堂編	形家秘鈔珍本
92	《平洋地理入門》《巒頭圖解》合刊	【清】盧崇台	平洋水法、形家秘本
93	《鑒水極玄經》《秘授水法》合刊	【唐】司馬頭陀、【清】鮑湘襟	千古之秘，不可妄傳匪人
94	平洋地理闡秘	心一堂編	雲間三元平洋形法秘鈔珍本
95	地經圖說	【清】余九皋	形勢理氣、精繪圖文
96	司馬頭陀地鉗	【唐】司馬頭陀	流傳極稀《地鉗》
97	欽天監地理醒世切要辨論	【清】欽天監	公開清代皇室御用風水真本
三式類			
98-99	大六壬尋源二種	【清】張純照	六壬入門、占課指南
100	六壬教科六壬鑰	【民國】蔣問天	由淺入深，首尾悉備
101	壬課總訣	心一堂編	過去術家不外傳的珍稀六壬術秘鈔本
102	六壬秘斷	心一堂編	
103	大六壬類闡	心一堂編	
104	六壬秘笈——韋千里占卜講義	【民國】韋千里	六壬入門必備
105	壬學述古	【民國】曹仁麟	依法占之，「無不神驗」
106	奇門揭要	心一堂編	集「法奇門」、「術奇門」精要
107	奇門行軍要略	【清】劉文瀾	條理清晰、簡明易用
108	奇門大宗直旨	劉毗	天下孤本　首次公開 虛白廬藏本《秘藏遁甲天機》
109	奇門三奇干支神應	馮繼明	
110	奇門仙機	題【漢】張子房	奇門不傳之秘　應驗如神
111	奇門心法秘纂	題【漢】韓信（淮陰侯）	
112	奇門廬中闡秘	題【三國】諸葛武侯註	
選擇類			
113-114	儀度六壬選日要訣	【清】張九儀	清初三合風水名家張九儀擇日秘傳
115	天元選擇辨正	【清】一園主人	釋蔣大鴻天元選擇法
其他類			
116	述卜筮星相學	【民國】袁樹珊	民初二大命理家南袁北韋
117-120	中國歷代卜人傳	【民國】袁樹珊	南袁之術數經典

占筮類			
121	卜易指南(二種)	【清】張孝宜	民國經典，補《增刪卜易》之不足
122	未來先知秘術——文王神課	【民國】張了凡	內容淺白、言簡意賅、條理分明
星命類			
123	人的運氣	汪季高(雙桐館主)	五六十年香港報章專欄結集！
124	命理尋源	【民國】徐樂吾	民國三大子平命理家徐樂吾必讀經典！
125	訂正滴天髓徵義		
126	滴天髓補註 附 子平一得		
127	窮通寶鑑評註 附 增補月談賦 四書子平		
128	古今名人命鑑		
129-130	紫微斗數捷覽(明刊孤本)[原(彩)色本] 附 點校本 (上)(下)	馮一、心一堂術數古籍整理編校小組整理	明刊孤本 首次公開！
131	命學金聲	【民國】黃雲樵	民國名人八字、六壬奇門推命
132	命數叢譚	【民國】張雲溪	子平斗數共通、百多民國名人命例
133	定命錄	【民國】張一蟠	民國名人八十三命例詳細生平
134	《子平命術要訣》《知命篇》合刊	【民國】鄒文耀、【民國】胡仲言撰	《子平命術要訣》科學命理；《知命篇》易理皇極、命理地理、奇門六壬互通
135	科學方式命理學	閻德潤博士	匯通八字、中醫、科學原理！
136	八字提要	韋千里	民國三大子平命理家韋千里必讀經典！
137	子平實驗錄	【民國】孟耐園	作者四十多年經驗 占卜奇靈 名震全國！
138	民國偉人星命錄	【民國】囂囂子	幾乎包括所民初總統及國務總理八字！
139	千里命鈔	韋千里	失傳民初三大命理家-韋千里 代表作
140	斗數命理新篇	張開卷	現代流行的「紫微斗數」內容及形式上深受本書影響
141	哲理電氣命數學——子平部	【民國】彭仕勛	命局按三等九級格局、不同術數互通借用
142	《人鑑——命理存驗·命理擷要》(原版足本)附《林庚白家傳》	【民國】林庚白	傳統子平學修正及革新、大量名人名例
143	《命學苑苑刊——新命》(第一集)附《名造評案》《名造類編》等	【民國】林庚白、張一蟠等撰	史上首個以「唯物史觀」來革新子平命學結集
相術類			
144	中西相人探原	【民國】袁樹珊	按人生百歲，所行部位，分類詳載
145	新相術	【美國】字拉克福原著、【民國】沈有乾編譯	通過觀察人的面相身形、色澤舉止等，得知性情、能力、習慣、優缺點等
146	骨相學	【民國】風萍生編著	結合醫學中生理及心理學，影響近代西、日、中相術深遠
147	人心觀破術 附運命與天稟	【日本】管原如庵、加藤孤雁原著，【民國】唐真如譯	觀破人心、運命與天稟的奧妙

148	《人相學之新研究》《看相偶述》合刊	盧毅安	集中外大成，無不奇驗；影響近代香港相術名著
149	冰鑑集	【民國】碧湖鷗客	各家相法精華、相術捷徑、圖文並茂附名人照片
150	《現代人相百面觀》《相人新法》合刊	【民國】吳道子輯	失傳民初相學經典二種 重現人間！
151	性相論	【民國】余晉龢	民初北平公安局專論相學與犯罪專著（犯罪學生物學派）
152	《相法講義》《相理秘旨》合刊	韋千里、孟瘦梅	命理學大家韋千里經典、傳統相術秘籍精華
153	《掌形哲學》附《世界名人掌形》《小傳》	【民國】余萍客	圖文并茂、附歐美名人掌形圖及生平簡介
154	觀察術	【民國】吳貴長	可補充傳統相術之不足
	堪輿類		
155	羅經消納正宗	【明】沈昇撰、【明】史自成、丁孟章合纂	失傳四庫存目珍稀風水古籍
156	風水正原	【清】余天藻	●積德為求地之本，形家必讀！ ●純宗形家，與清代欽天監地理風水主張大致相同
157	安溪地話（風水正原二集）		
158	《蔣子挨星圖》附《玉鑰匙》	傳【清】蔣大鴻等	窺知無常派章仲山一脈真傳奧秘
159	樓宇寶鑑	吳師青	陽宅風水必讀、現代城市樓宇風水看法改革
160	《香港山脈形勢論》《如何應用日景羅經》合刊		香港風水山脈形勢專著
161	三元真諦稿本——讀地理辨正指南	【民國】王元極	被譽為蔣大鴻、章仲山後第一人內容直接了當，盡揭三元玄空家之秘
162	三元陽宅萃篇		
163	王元極增批地理冰海 附批點原本地理冰海	【清】高守中 【民國】王元極	
164	地理辨正發微	【清】唐南雅	極之清楚明白，披肝露膽
165-167	增廣沈氏玄空學 附 仲山宅斷秘繪稿本三種、自得齋地理叢說稿鈔本(上)(中)(下)	【清】沈竹礽	玄空必讀經典！附《仲山宅斷》幾種鈔本及批點本，畫龍點睛、披肝露膽，道中刊印本未點破的秘訣
168-169	巒頭指迷(上)(下)	【清】尹貞夫原著、【民國】何廷珊增訂、批注	圖文并茂：龍、砂、穴、水、星辰九十九變 洩漏天機：蔣大鴻、賴布衣挨星秘訣及用法
170-171	三元地理真傳(兩種)(上)(下)	【清】趙文鳴	蔣大鴻嫡派真傳張仲馨一脈二十種家傳秘本、宅墓案例三十八圖，並附天星擇日
172	三元宅墓圖 附 家傳秘冊		
173	宅運撮要	【民國】尤惜陰（演本法師）、榮柏雲	撮三集《宅運新案》之精要
174	章仲山秘傳玄空斷驗筆記 附 章仲山斷宅圖註	【清】章仲山傳、【清】唐鷺亭纂	無常派玄空不外傳秘中秘！二宅實例有斷驗及改造內容
175	汪氏地理辨正發微 附 地理辨正真本	【清】蔣大鴻、姜垚原著、【清】汪云吾發微	蔣大鴻嫡派張仲馨一脈三元理、法、訣具體泄露
176	蔣大鴻家傳歸厚錄汪氏圖解	【清】蔣大鴻、【清】汪云吾圖解	
177	蔣大鴻嫡傳三元地理秘書十一種批注	【清】蔣大鴻原著、【清】汪云吾、【清】劉樂山註	三百年來最佳《地理辨正》註解！石破天驚！

217	蔣徒呂相烈傳《幕講度針》附《元空秘斷》《陰陽法竅》《挨星作用》	【清】呂相烈	蔣大鴻門人呂相烈三元秘本三百年來首次破禁公開！
218	挨星撮要（蔣徒呂相烈傳）		
219-221	《沈氏玄空挨星圖》《沈註章仲山宅斷未定稿》《沈氏玄空學（四卷原本）》合刊（上中下）	【清】沈竹礽 等	揭開沈氏玄空挨星五行吉凶斷的變化及不同用法 章仲山宅斷未刪本、沈氏玄空學原本佚文、玄空挨星圖稿鈔本 大公開！
222	地理穿透真傳（虛白盧藏清初刻原本）	【清】張九儀	三合天星家宗師張九儀畢生地學精華結集
223-224	地理元合會通二種（上）（下）	【清】姚炳奎	分發兩家（三元、三合）之秘，會通其用 詳解注羅盤（蔣盤、賴盤）；義理、斷驗俱精
其他類			
225	天運占星學 附 商業周期、股市粹言	吳師青	天星預測股市，神準經典
226	易元會運	馬翰如	《皇極經世》配卦以推演世運與國運
三式類			
227	大六壬指南（清初木刻五卷足本）		六壬學占驗課案必讀經典海內善本
228-229	甲遁真授秘集（批注本）（上）（下）	【清】薛鳳祚	明清皇家欽天監秘傳奇門遁甲 奇門、易經、皇極經世結合經典
230	奇門詮正	【民國】曹仁麟	簡易、明白、實用，無師自通！
231	大六壬探源	【民國】袁樹珊	民初三大命理家袁樹研究六壬四十餘年代表作
232	遁甲釋要	【民國】徐昂	推衍遁甲、易學、洛書九宮大義！
233	《六壬卦課》《河洛數釋》《演玄》合刊		疏理六壬、河洛數、太玄隱義！
234	六壬指南（【民國】黃企喬）	【民國】黃企喬	失傳經典 大量實例
選擇類			
235	王元極校補天元選擇辨正	原【清】謝少暉輯、【民國】王元極校補	三元地理天星選日必讀
236	王元極選擇辨真全書 附 秘鈔風水選擇訣	【民國】王元極	王元極天昌館選擇之要旨
237	蔣大鴻嫡傳天星選擇秘書注解三種	【清】蔣大鴻編訂、【清】楊臥雲、汪云吾、劉樂山註	蔣大鴻陰陽二宅天星擇日日課案例！
238	增補選吉探源	【民國】袁樹珊	按表檢查，按圖索驥：簡易、實用！
239	《八風考略》《九宮撰略》《九宮考辨》合刊	沈瓞民	會通沈氏玄空飛星立極、配卦深義
其他類			
240	《中國原子哲學》附《易世》《易命》	馬翰如	國運、世運的推演及預言